本书的出版得到辽宁省社会科学规划基金重点项目（L22AFX003）、辽宁省高等学校基本科研项目·青年项目（LJKQR2021015）、沈阳师范大学博士科研启动基金项目（BS202008）的共同资助。

法治信仰的中国建构

The Construction of Rule of Law Beliefs in China

汪岳　著

中国社会科学出版社

图书在版编目（CIP）数据

法治信仰的中国建构 / 汪岳著．—北京：中国社会科学出版社，2022.12
ISBN 978－7－5227－0610－8

Ⅰ．①法…　Ⅱ．①汪…　Ⅲ．①社会主义法治—研究—中国
Ⅳ．①D920.0

中国版本图书馆 CIP 数据核字(2022)第 137022 号

出 版 人　赵剑英
责任编辑　齐　芳　许　琳
责任校对　李　硕
责任印制　郝美娜

出　　版　中国社会科学出版社
社　　址　北京鼓楼西大街甲 158 号
邮　　编　100720
网　　址　http://www.csspw.cn
发 行 部　010－84083685
门 市 部　010－84029450
经　　销　新华书店及其他书店

印　　刷　北京君升印刷有限公司
装　　订　廊坊市广阳区广增装订厂
版　　次　2022 年 12 月第 1 版
印　　次　2022 年 12 月第 1 次印刷

开　　本　710×1000　1/16
印　　张　13.5
字　　数　163 千字
定　　价　78.00 元

序

“法治”是当代中国的主旋律，“信仰”是人类社会亘古以来的永恒命题。“法治信仰”是法治与信仰的结合与融合，是法治的内在属性，是信仰的组成部分，是全面实现依法治国这一宏伟实践的重要依托。

人类社会不能失去信仰，法治同样不能。生于忧患，死于安乐，古往今来的智者和仁者都对信仰问题充满关切，也充满忧患，充满期待。著名哲学家邓晓芒对我国当前社会道德状况做过令人担忧的描述：“信仰问题对于当前我国社会以及民族而言，是一个非常紧迫的大问题。如今，我们的道德状况愈来愈令人担忧，愈来愈堕落到一种没有信仰、没有崇高、没有理想，甚至于没有道德底线的状况之下。那么，作为一个拥有如此悠久历史的民族，倘若失去了道德底线，失去了崇高，失去了理想，它的前途将走向何方?”假设我们以此来比肩当前我国的法治发展，也是较为适当的。

“法治信仰”课题具有前沿性。当前，中国社会处于急剧转型时期。新中国的法治建设经历了漫长的抓“器物”建设——量变到抓“意识”建设——质变的升华。2014 年 1 月 7 日，习近平总书记在中央政法工作会议上强调要“信仰法治、坚守法治”；2020 年 12 月 7

日，中共中央印发了《法治社会建设实施纲要（2020—2025 年）》提出要“建设信仰法治、公平正义、保障权利、守法诚信、充满活力、和谐有序的社会主义法治社会”，并在“推动全社会增强法治观念”一节提出要“培育全社会法治信仰”。法治信仰课题系法治中国建设中的核心问题，与法律信任、法律信用和法律信仰密切相关。法律信任、法律信用与法律信仰构成一个连续统，法律信仰是法治信仰的条件与基础，法治信仰天然包含法律信仰。法治信仰是法治社会建设的精神前提，只有信仰法治才能坚守法治，没有法治信仰就不可能实现法治中国。因此，探寻和解读法治信仰课题不仅与习近平法治思想具有契合性，对法治中国建设的推进和全面依法治国的实现极具理论价值。

“法治信仰”课题具有现实性。《中共中央关于全面推进依法治国若干重大问题的决定》指出，当前法治建设存在的问题表现为：“有的法律法规未能全面反映客观规律和人民意愿，针对性、可操作性不强，立法工作中部门化倾向、争权诿责现象较为突出；有法不依、执法不严、违法不究现象比较严重，执法体制权责脱节、多头执法、选择性执法现象仍然存在，执法司法不规范、不严格、不透明、不文明现象较为突出，群众对执法司法不公和腐败问题反映强烈；部分社会成员尊法信法守法用法、依法维权意识不强，一些国家工作人员特别是领导干部依法办事观念不强、能力不足，知法犯法、以言代法、以权压法、徇私枉法现象依然存在。”2021 年 12 月 6 日，习近平总书记在十九届中央政治局第三十五次集体学习时的讲话强调：“我国法治体系还存在一些短板和不足，主要是：法律规范体系不够完备，重点领域、新兴领域相关法律制度存在薄弱点和空白区；法治实施体系不够高效，执法司法职权运行机制不够科学；

法治监督体系不够严密，各方面监督没有真正形成合力；法治保障体系不够有力，法治专门队伍建设有待加强；涉外法治短板比较明显，等等。这些问题，必须抓紧研究解决。”这些问题的存在，凸显全面依法治国和法治中国建设的长期性与艰难性。面对困境，需要战胜困难的勇气和办法，需要固本培元的治本之道。将信仰引入法治，就是为法治注入了深刻的内在认同，这也就是哈特在《法律的概念》中所讲的社会规则的“内在方面”的进一步升华。罗曼·罗兰曾说：“信仰不是一种学问。信仰是一种行为，它只被实践的时候才有意义。”法治信仰课题的研究与展开正迎合法治中国建设过程中的法治化困境，具有现实针对性。

“法治信仰”课题作为法学理论的基础理论研究是有一定难度的。“信仰”问题是一个老问题，信仰与“法治”相结合生成“法治信仰”课题具有了时代性；同时也是一个难问题，作者不仅需要汲取宗教学、哲学、心理学、法学、社会学等交叉学科知识营养，还需要对信仰的基本理论如信仰的相近或相关概念——“信仰与相信、信任、信用、信念”“信仰与宗教、理想、科学、迷信”等——进行厘清，对“宗教信仰、道德信仰、政治信仰”予以阐释等。应当讲，伯尔曼的“法律必须被信仰”这一经典论断，自梁治平先生译介进入中国法学界，“法律信仰”的中国研究与解读一度掀起热潮。作者的学术研究指出中国的法治信仰具有不同于西方法律信仰的特殊性，保障公民广泛权利与自由的合法享有是法治的目的，实现人的全面自由发展是马克思主义的宗旨，法治信仰的提出为实现社会主义和共产主义注入中国元素。法治信仰与政治信仰一脉相承，是马克思主义信仰体系的重要一环。法治信仰的中国建构是马克思主义信仰在中国的具体展现，二者高度契合，课题研究具有探索性。

本书是汪岳博士在其西南政法大学博士学位论文的基础上，经多次修改完善而成。此前，其有相关研究成果发表并被《高等学校文科学术文摘》摘编，去年相关成果获得第七届辽宁省哲学社会科学奖·成果奖（省政府奖）三等奖。作为其博士生导师，了解其在著作创作过程中的艰苦与努力，所思与所想。《法治信仰的中国建构》不仅仅在于开启法治信仰基本理论深入、系统研究的基本范式，更在于使政界、学界理解法治信仰在推进法治中国建设中的价值。

《法治信仰的中国建构》一书的面世恰逢其时，作为导师甚是欣慰，期望其在今后的教师生涯和学术道路中再接再厉！

是为序。

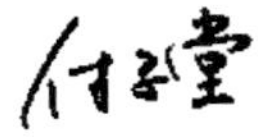

2022 年初冬于重庆宝圣湖畔

目　　录

引　论 …………………………………………………………………（1）

一　研究缘起与意义 ………………………………………………（1）

二　研究现状与述评 ………………………………………………（7）

三　研究方法与创新 ………………………………………………（16）

第一章　法治信仰的理论界说 …………………………………（19）

第一节　有关信仰的基本理论 ……………………………………（19）

一　信仰的概念与特征 ……………………………………………（19）

二　信仰的结构与功能 ……………………………………………（33）

三　信仰的基本类型 ………………………………………………（39）

第二节　法治信仰的基本理论 ……………………………………（46）

一　法治信仰的概念界定 …………………………………………（47）

二　法治信仰的基本特征 …………………………………………（53）

第二章　法治信仰的结构与功能 ………………………………（57）

第一节　法治信仰的结构分析 ……………………………………（59）

一　法治信仰的内在结构 …………………………………………（60）

二　法治信仰的外在结构 …………………………………………（62）

第二节 法治信仰的功能意义 …………………………………（75）
一 价值认同的基础功能 ………………………………………（76）
二 规范教化的秩序功能 ………………………………………（77）
三 司法公信的促进功能 ………………………………………（78）
四 法律权威的根基功能 ………………………………………（79）

第三章 法治信仰形成的困境及原因 ……………………………（82）
第一节 法治信仰形成的具体困境 ……………………………（83）
一 法律规范因素 ………………………………………………（83）
二 法治实施因素 ………………………………………………（87）
第二节 法治信仰困境成因分析 ………………………………（92）
一 传统文化因素 ………………………………………………（93）
二 现实情境因素 ………………………………………………（98）

第四章 法治信仰的生成基础与机制 …………………………（104）
第一节 法治信仰生成的现实基础 ……………………………（105）
一 市场经济：法治信仰的经济基础 …………………………（105）
二 民主政治：法治信仰的政治基础 …………………………（107）
三 法治文化：法治信仰的文化基础 …………………………（110）
第二节 法治信仰生成的具体机制 ……………………………（113）
一 法治信仰的内生机制 ………………………………………（114）
二 法治信仰的外生机制 ………………………………………（127）

第五章 法治信仰的建构路径 ……………………………………（131）
第一节 优化信仰主体的品格 …………………………………（132）

一　树立主体意识：品格优化的前提 …………………… (132)
二　强化主体地位：品格优化的保障 …………………… (137)
三　培育主体能力：品格优化的根本 …………………… (139)
四　加强法治教育：品格优化的路径 …………………… (143)
第二节　提升信仰客体的品质 ………………………………… (152)
一　提高法律规范品质 ………………………………… (152)
二　提升法治实施品质 ………………………………… (157)

结　论 …………………………………………………………… (165)

参考文献 ………………………………………………………… (170)

后　记 …………………………………………………………… (206)

引　论

一　研究缘起与意义

（一）研究缘起

2014 年 1 月 7 日，习近平总书记在中央政法工作会议上强调要“信仰法治、坚守法治”。这一表述对我们正确认识法治信仰、积极树立法治信仰、积极评价法治信仰具有重大的指导意义。2014 年 10 月 23 日，党的十八届四中全会通过的《中共中央关于全面推进依法治国若干重大问题的决定》进一步强调，“法律的权威源自人民的内心拥护和真诚信仰，人民权益要靠法律保障”。再次表明信仰法治对于推进法治中国建设和坚持全面依法治国具有根基意义。2020 年 12 月 7 日，中共中央印发了《法治社会建设实施纲要（2020—2025 年）》提出要“建设信仰法治、公平正义、保障权利、守法诚信、充满活力、和谐有序的社会主义法治社会”，并在“推动全社会增强法治观念”一节提出要“培育全社会法治信仰”。因此，探寻和解读法治信仰的中国意涵，构建和把脉法治信仰的生成机制，便成为具有理论价值和现实意义的课题。

法治信仰问题提出的缘由之一，是当前的道德衰落与滑坡，道德对人性的内化与制约效果甚微，[①] 这是对当前国家社会治理效果的追问与反思。比如，近年来高速路或马路货车发生事故遭哄抢事件的频发，[②] 2018 年山东青岛货车侧翻芝麻油遭哄抢，山东德州货车侧翻万斤桃子遭哄抢，2016 年江西安福货车事故家电遭哄抢，2015 年河南境内货车侧翻 20 吨苹果遭哄抢，山东境内一运禽车侧翻万只小鸡遭哄抢，另据“不完全统计，从 2013 年 3 月到 2014 年 1 月，各地媒体报道的哄抢事件就有 26 起”[③]。类似的还有近年来“扶不扶”事件的多地上演，飞机、高铁上的“霸座男”和“霸座女”抢座、占座事件的多发，还有“小悦悦”等见死不救现象的出现；再比如，从 2018 年吉林长生生物科技有限责任公司问题疫苗事件的出现到 2019 年江苏金湖 145 名儿童接种过期疫苗事件的发生，不仅说明当今社会人们的道德底线日渐式微，更是对当前理应需要寻求何种治理方式以及社会治理效果的拷问。上述事件或现象的发生，是基于个人利益的膨胀而出现的行为偏差，“经济事务主宰了大多数公民的生活”[④]，“整个趋势、利益和首要任务是促使财富的攫取……而丝毫不考虑是否有任何限制其力量运用的原则

---

① 关于道德的衰落与滑坡，阎云翔教授在 20 世纪 90 年代就指出今天孝道的衰落与老人赡养的危机，并作出了“无效的法律与自相矛盾的意识形态、沉默的公众舆论、信仰世界的倒塌和经济剥夺与无情的市场逻辑”四种因素分析。参见［美］阎云翔《私人生活的变革：一个中国村庄里的爱情、家庭与亲密关系：1949—1999》，龚小夏译，上海书店出版社 2009 年版，第 201—208 页。

② 孙安清：《马路哄抢事件频发究竟是何因素作祟》，《法制日报》2018 年 12 月 7 日第 5 版；史洪举：《对哄抢闹剧依法严惩》，《人民法院报》2018 年 9 月 16 日第 2 版；崔恒清：《哄抢事故货物敲响普法警钟》，《人民公安报》2016 年 3 月 31 日第 3 版；陈家兴：《面对哄抢，不能只当道德判官》，《人民日报》2015 年 9 月 2 日第 5 版。

③ 戴先任：《“中国式哄抢”呼唤“法治终止符”》，《中国商报》2018 年 9 月 7 日第 P02 版。

④ ［法］涂尔干：《社会分工论》（第 2 版），渠东译，生活·读书·新知三联书店 2000 年版，序言第 16 页。

存在"[①]。究其根本是社会缺少具有共识性和凝聚力效用的规范体系而出现的行为失范。失范"造成了经济世界中极端悲惨的景象，各种各样的冲突和混乱频繁产生出来……这种无政府状态明显是一种病态现象，因为它是与社会的整个目标反向而行的"[②]。上述失范现象的发生对社会的有序运行、社会秩序的稳定极具破坏和威胁意义。德治与法治是社会秩序维系的两条基本路径，道德的衰落与滑坡意味着德治对社会秩序维系的效果不理想应该转而求向"法治的底线防守和约束"[③]。那么，法治对社会秩序的维系效果又如何呢？

法治信仰问题提出的缘由之二，是当下法治建设不足与社会公平缺失。首先，当前法治建设存在的问题表现为："有的法律法规未能全面反映客观规律和人民意愿，针对性、可操作性不强，立法工作中部门化倾向、争权诿责现象较为突出；有法不依、执法不严、违法不究现象比较严重，执法体制权责脱节、多头执法、选择性执法现象仍然存在，执法司法不规范、不严格、不透明、不文明现象较为突出，群众对执法司法不公和腐败问题反映强烈；部分社会成员尊法信法守法用法、依法维权意识不强，一些国家工作人员特别是领导干部依法办事观念不强、能力不足，知法犯法、以言代法、以权压法、徇私枉法现象依然存在。"[④] 特别是当前的腐败问题日益

① R. H. Tawney, *The Acquisitive Society*, Wheatsheaf Books, 1982, p. 32.

② ［法］涂尔干：《社会分工论》（第2版），渠东译，生活·读书·新知三联书店2000年版，序言第14—15页。

③ 刘哲昕：《法治才是硬道理：从法治思维到命运共同体》，法律出版社2015年版，第5页。

④ 《中共中央关于全面推进依法治国若干重大问题的决定》（2014年10月23日中国共产党第十八届中央委员会第四次全体会议通过）。

严峻，公权力主体无视法治给社会成员信仰法治和践行法治带来巨大的冲击。其次，“当前中国社会的最大问题在于社会公平问题。贫富差距的不断增大，‘官商’问题突出、腐败问题严重，致使社会公众对党和政府的不信任程度有所增加，社会公众普遍存在强烈的‘被抛弃’、‘被剥夺’、‘被漠视’和‘被不公平对待’的情感和意识，也普遍地存在‘弱者愈弱’、‘强者愈强’的社会认知以及‘仇富’心态”[①]。从社会运行的视角而言，法治建设的不足与社会公平的缺失既是法治社会运行失调的缔造者，又在一定程度上表明社会有序运行的不畅，对社会秩序具有能动的破坏性。

无论是道德的衰落与滑坡，还是法治建设的不足，抑或是社会公平的缺失，说明“失范”这一病态现象在社会的运行过程中不仅腐蚀社会成员个体自身的价值理念，而且对社会成员整体的价值理性与行为实践选择起到了消极影响和负面效应，甚至会挑战整个社会的基础价值共识，危及国家的稳定和党的执政之基，进一步说明要加快推进法治中国建设的步伐以切实实现全面依法治国。当前，党和政府为推进全面依法治国设计了路线图和时间表，到 2020 年“基本建成职能科学、权责法定、执法严明、公开公正、廉洁高效、守法诚信的法治政府”[②]。到 2035 年“法治国家、法治政府、法治社会基本建成”[③]。不难看出，无论是从顶层设计而言，还是从现实需要来看，“法治”是我们进行社会治理的不二选择，也是我们党和政

---

① 姚建宗、侯学宾：《中国“法治大跃进”批判》，《法律科学》（西北政法大学学报）2016 年第 4 期。

② 《法治政府建设实施纲要（2015—2020 年）》，《人民法院报》2015 年 12 月 28 日第 2 版。

③ 习近平：《决胜全面建成小康社会　夺取新时代中国特色社会主义伟大胜利》，人民出版社 2017 年版，第 28 页。

府正在切实努力践行的。“法治是在既定规则之下实现权利保障和权力制约的一项社会系统工程，从根本上讲，它是体现自由、平等和正义精神的秩序化、总体性的社会生活状态。”[①] 实质而言，全面依法治国战略目标的完成与实现，需要全社会形成法治共识、法治信仰，这具有前提性和根基性意义。公民法治信仰的形成与否不仅关乎党和政府法治路线图的实现问题，公民法治信仰问题处理不好，还会影响社会秩序的稳定，甚至会影响中华民族伟大复兴中国梦的实现。

（二）研究意义

首先，法治信仰是全面依法治国的精神引领。法治信仰关乎着全面依法治国的有效实现，“法治表现为制度却生成于精神”[②]，法治中国建设需要法治信仰作为精神引领。习近平指出，“突出培养公民的法治精神，在全社会树立法治信仰、形成法治风尚，努力把法治精神、法治意识、法治观念熔铸到人们的头脑之中，体现于人们的日常行为之中”[③]。是对法治信仰的最好注脚。社会公众是否拥有坚定的法治信仰不但影响着整体社会的法治环境，而且对法治国家的建成具有决定性意义。提升公民的法治认知、强调法律规范的内化和法治的日常实践，进而形成法治信仰，系践行全面依法治国的题中应有之义。

其次，法治信仰是实现社会治理现代化的应然选择。推进法治中国建设是提升国家治理体系和治理能力现代化的主要抓手，

① 马长山：《法治的社会根基》，中国社会科学出版社2003年版，第1页。

② 汪太贤、艾明：《法治的理念与方略》，中国检察出版社2001年版，第168页。

③ 习近平：《干在实处　走在前列：推进浙江新发展的思考与实践》，中共中央党校出版社2006年版，第386页。

国家治理以社会治理为基础，国家的法治与社会治理互为依存，形影相随。“人类在社会治理的经验基础上选择法治来不断发现和扩展权利”[①]，“社会治理是国家治理体系和治理能力现代化的重要一环。社会治理应该走法治化的道路，这已经成为一种社会共识”[②]。社会治理法治化是国家治理现代化的重要方式和手段，中国的法治实践是基于理性的选择和经验的总结。社会成员的正当合法利益受损时，需要通过法治的途径予以维护和捍卫、恢复和均衡，这是社会成员信仰法治的基本前提和有效社会治理的应然选择。

最后，法治信仰是实现人权发展的内在理据。“人权得到最全面、最切实的保障，是社会主义法治的基本标志。”[③] “徒法不能以自行”（《孟子·离娄上》），再完备的法律规范体系、再高效的法治实施体系、再严密的法治监督体系、再有力的法治保障体系、再完善的党内法规体系，如若缺少有效支撑上述体系有效运行的法治信仰作为根基，也必然犹如纸上谈兵、目标偏离抑或运行陷入迟滞。“法治是实现尊重和保障人权的根本途径”[④]，“必须依靠法治‘统筹社会力量、平衡社会利益、调节社会关系、规范社会行为’，为人权保障扫除障碍”[⑤]。法治信仰的提出，实乃基于法治的准则来要求和教化社会成员，促使其形成法治认知、法治评价和法治实践的能力，

---

① 刘作翔：《关于社会治理法治化的几点思考——“新法治十六字方针”对社会治理法治化的意义》，《河北法学》2016 年第 5 期。

② 季金华：《法治信仰的意义阐释》，《金陵法律评论》2015 年第 1 期。

③ 孙国华、何贝倍：《人权与社会主义法治》，《法学家》2001 年第 6 期。

④ 付子堂：《坚定人权自信　全面加强人权法治保障》，《人权》2017 年第 6 期。

⑤ 汪习根：《全面推进人权法治建设的行动纲领——十八届四中全会精神的人权解读》，《浙江社会科学》2015 年第 2 期。

将法治的规则自觉的接受、选择内化并付诸实施进而真正促成个人权利的实现。唯有法治才能保障人权、才能实现和发展人权，也只有信仰法治才能引领社会成员选择基于法治的实践，以保障好、实现好和发展好个人的权利。

二　研究现状与述评

（一）西方的研究

在西方，无论是古希腊古罗马的自然理性法律观、中世纪的神学理性法律观，还是启蒙运动以来的人类理性法律观，均强调理性对于秩序或治理的意义。西方关于法治信仰的讨论，主要是围绕着法律信仰展开。西方发达的法治传统已历经数个世纪，逐步形成了尊法、重法的理念。诸如："最完全的相信并接受我们的法律，使他们关于可怕事情和另外一些事情的信念都能因为有良好的天性和得到教育培养而牢牢地生根。"[①] "我们应该注意到邦国虽有良法，要是人民不能全部遵循，仍然不能实现法治。"[②] 最重要的法律"既不是铭刻在大理石上，也不是铭刻在铜表上，而是铭刻在公民们的内心里"[③]。"法律帝国并非由疆界、权力或程序界定的，而是由态度界定的。"[④] 诸多至理名言都是围绕法律信仰这一基本命题而展开讨论的。

西方的法律信仰有着自然法和基督教的传统，但由于世俗化、

① ［古希腊］柏拉图：《理想国》，郭斌和、张竹明译，商务印书馆1986年版，第148—149页。

② ［古希腊］亚里士多德：《政治学》，吴寿彭译，商务印书馆1965年版，第202页。

③ ［法］卢梭：《社会契约论》，何兆武译，商务印书馆2003年版，第70页。

④ ［美］德沃金：《法律帝国》，李常青译，中国大百科全书出版社1996年版，第367页。

现代性抑或理性化，人们“生活在一个充满深刻的精神、文化、政治危机的时代”[①]，西方社会呈现出“整体性危机”。[②] 与这种整体性危机相关的问题包括：马克斯·韦伯的“去魅”——“再也没有什么神秘莫测、无法计算的力量在起作用，人们可以通过计算掌握一切。而这就意味着为世界除魅”[③]。丹尼尔·贝尔的“精神性危机”——“现代性的真正问题是信仰问题。用一句不时兴的话来说，它是精神危机”[④]。安东尼·吉登斯的“个人无意义感”——“在晚期现代性的背景下，个人的无意义感，即那种觉得生活没有提供任何有价值的东西的感受，成为根本性的心理问题”[⑤]。于是，伯尔曼提出：“法律必须被信仰，否则它将形同虚设。它不仅包含有人的理性和意志，而且还包含了他的情感，他的直觉和献身，以及他的信仰。”[⑥] 他主张“承认和恢复宗教的法律性”[⑦]，以回应西方社会所面临的整体性危机。

（二）我国的研究

伯尔曼的“法律必须被信仰”这一经典论断，自梁治平先生[⑧]译介进入中国法学界以来，迎合了我国正面临的法治化困境，迅即

---

① Benjamin I. Schwartz, *The Religion of Politics*, *Reflections on the Thought of Hannah Arendt*, March - April, 1970, pp. 141 - 161.

② ［美］伯尔曼：《法律与宗教》，梁治平译，商务印书馆2012年版，第65页。

③ ［德］韦伯：《学术与政治》，冯克利译，生活·读书·新知三联书店2016年版，第29页。

④ ［美］贝尔：《资本主义文化矛盾》，严蓓雯译，江苏人民出版社2012年版，第28页。

⑤ ［英］吉登斯：《现代性与自我认同》，赵旭东等译，生活·读书·新知三联书店1998年版，第9页。

⑥ ［美］伯尔曼：《法律与宗教》，梁治平译，商务印书馆2012年版，第7页。

⑦ ［美］伯尔曼：《法律与宗教》，梁治平译，商务印书馆2012年版，第66页。

⑧ 伯尔曼的《法律与宗教》自20世纪90年代初由梁治平先生译介到中国，于1991年由生活·读书·新知三联书店首版发行。

成为法学界热议和解读的话题，纷纷探讨法律信仰对国家治理和秩序构建的理论意义与现实价值。

在综合研究视角方面，主要是研究法律信仰的基本内涵与危机、法律信仰的作用及其培育等。关于法律信仰的基本内涵与危机，谢晖认为“是指主体在精神上和行为上，只能俯视法律之规定，而不允许对法律有任何心里怀疑与诘问”[①]。其法律信仰的对象是国家法，法律信仰“是基于对国家法的信仰而立论的”[②]，并论证了要使法律可能成为信仰的对象，“信仰的主体——人”和“客体——法律”需分别满足三个条件，即“人的利益感受、价值认同与法律信念以及法律的规律——科学性、人道——正义性、方便——效益性”[③]。许章润认为法律信仰是基于科学分析和理性选择基础之上而形成的“对社会法的现象的信任感和依归感，以及对法的现象的神圣感情和愿意为法而献身的崇高境界”[④]。夏泽祥认为，“法律信仰是人们出于对法律的依赖感或神圣感而生产的心理感受，在行为上则体现为对法律过程的参与”[⑤]。法律信仰的对象为法律价值。范进学在指出了信仰主体公众对立法产品的陌生性、有法不依剥夺了信仰主体的认同性、社会公正难以实现有损司法公信力、法律工具主义阻滞了信仰主体对法律价值的追求等四个危机表征，分析了传统法律文化、传统政治文化、法律仪式的过

① 谢晖：《法律信仰与法律怀疑精神》，《法律科学》（西北政法学院学报）1995 年第 6 期。

② 谢晖：《法律信仰的理念与基础》，山东人民出版社 1997 年版，第 5 页。

③ 谢晖：《法律信仰：历史、对象及主观条件》，《学习与探索》1996 年第 2 期。

④ 许章润等：《法律信仰：中国语境及其意义》，广西师范大学出版社 2003 年版，第 8 页。

⑤ 夏泽祥：《中国语境下的法律信仰：涵义、对象、载体与表征》，《法律科学》（西北政法大学学报）2008 年第 3 期。

度透明以及地方保护主义对法律普遍性的破坏等四大因素成为法律信仰危机的具体原因，倡导唯有把法律当作信仰的对象，“法治化才有可能最终获得人们内心道德信念的支撑”。[①] 提出了作为信仰对象的法律应具备“自由——人权性、效用——利益性、保障——救济性”[②] 的品质，并认为谢晖提出的“科学性与正义性”是信仰法律的必要条件而非充要条件。

关于法律信仰的作用及培育，丁一认为法律信仰的作用在于对法治的“驱动与维系”，[③] 沈瑞英论及法律信仰“是实现法治现代化的必要社会基础”，[④] 耿瑞珍从“法治中国建设的精神动力、社会价值秩序的重构以及体现现代公民的品格”[⑤] 三个方面分析了法律信仰的作用，并论证了法律信仰的培育需要从价值认同、社会环境营造以及法律实践三个方面加以展开。王学俭、顾超则论证了法律信仰的培育需要从“需求认同、价值内化、环境塑造以及实践确认”[⑥] 四个机制加以培育和建构，刘涛提出了法律信仰培育的两条路径为“传统的法律解释共同体和传统的社会的法律共同体”[⑦] 的涵养转化与培育内化。

在专题性视角方面，讨论不同角色群体法律信仰的现状及其培

---

① 范进学：《论法律信仰危机与中国法治化》，《法商研究》（中南政法学院学报）1997年第2期。

② 钟明霞、范进学：《试论法律信仰的若干问题》，《中国法学》1998年第2期。

③ 丁一：《法律信仰在法治化进程中的作用》，《法商研究》（中南政法学院学报）1999年第6期。

④ 沈瑞英：《实现法治现代化必须树立法律信仰》，《探索与争鸣》2011年第9期。

⑤ 耿瑞珍：《法律信仰的价值及培育》，《中国特色社会主义研究》2015年第6期。

⑥ 王学俭、顾超：《依法治国进程中的法律信仰培育研究》，《思想政治教育研究》2015年第4期。

⑦ 刘涛：《中国法律信仰的传统根基与建构路径》，《法商研究》2016年第1期。

育。如公务员的法律信仰现状[①]，领导干部和基层领导干部[②]、人民警察[③]、法官[④]等公权力主体以及少数民族群体[⑤]、青年群体[⑥]、大学生[⑦]、农民[⑧]等诸多角色群体法律信仰的重要性及其培育；分析不同区域或地域的法律信仰的危机、构建及发展；[⑨] 以及对伯尔曼法律信

---

① 邓佑文、李长江：《论国家公务员的法律信仰——由我国公务员执法现状引发的思考》，《理论学刊》2004 年第 12 期。

② 袁剑英：《培育领导干部的法律信仰》，《中国党政干部论坛》2001 年第 5 期；邓佑文：《论领导干部的法律信仰与依法行政》，《领导科学》2005 年第 14 期；孙艳艳：《领导干部的法律信仰是民主政治建设的基石》，《领导科学》2008 年第 14 期；王鹏森：《如何培育基层领导的法律信仰意识》，《领导科学》2018 年第 27 期。

③ 陈占梅：《人民警察法律信仰的培养》，《青海社会科学》2008 年第 3 期。

④ 胡冬华：《法律信仰与法官的角色义务》，《求索》2016 年第 9 期。

⑤ 王允武、潘高峰：《合理处置信仰冲突　积极培植少数民族法律信仰》，《西南民族大学学报》（人文社科版）2005 年第 1 期；梁利：《论法律信仰与民族信仰》，《贵州社会科学》2005 年第 2 期；马升：《论民族法律信仰是民族法治化的理性基础》，《青海民族研究》2016 年第 3 期。

⑥ 王曼倩：《依法治国进程中的青年法律信仰培育》，《理论视野》2016 年第 1 期。

⑦ 李珂：《大学生法律信仰的培养》，《学校党建与思想教育》2004 年第 12 期；陈维铨：《试论帮助大学生树立法律信仰的关键问题》，《教育与职业》2006 年第 30 期；李先伟：《新时期加强大学生法律信仰教育的探索》，《学校党建与思想教育》2007 年第 8 期；施爱民：《试论大学生法律信仰形成机制》，《教育与职业》2007 年第 17 期；陈新开：《论法治社会条件下大学生法律信仰的构建》，《黑龙江高教研究》2008 年第 2 期；杨丽娟：《培植法律信仰之于大学生公民教育的理论价值》，《学校党建与思想教育》2010 年第 23 期；杨彦增、粟远荣：《大学生法律信仰缺失调查》，《教育与职业》2011 年第 1 期；孙绪兵：《刍论大学生法律信仰之要求》，《学术交流》2012 年第 7 期；王婷：《浅析道德信仰和法律信仰在成人高校思想政治教育中的必要性》，《中国成人教育》2012 年第 16 期；刘端端：《论当代大学生法律信仰的构建》，《福建论坛》（人文社会科学版）2013 年第 8 期；范光杰、杨汉国：《法治视域下的当代大学生法律信仰教育内涵》，《学校党建与思想教育》2015 年第 1 期；赵颖慧：《谈大学生法律信仰的培养》，《教育探索》2015 年第 2 期；邓巧蓉：《法治中国建设背景下大学生法律信仰的培养》，《学校党建与思想教育》2015 年第 5 期；范光杰：《关于大学生法律信仰教育问题的思考》，《理论导刊》2016 年第 2 期；肖中华、邹雄智：《“大众创业”背景下大学生法律信仰培养路径探讨》，《企业经济》2016 年第 4 期；杨用才：《大学生法律信仰培育探讨》，《学校党建与思想教育》2018 年第 18 期。

⑧ 李朝开：《试论农民法律信仰的缺失与树立》，《云南民族学院学报》（哲学社会科学版）2002 年第 4 期。

⑨ 李秀忠：《关于农村法律信仰危机的思考》，《山东师大学报》（人文社会科学版）2001 年第 2 期；张学亮：《依法治国与农村法律信仰危机》，《长白学刊》2002 年第 6 期；黄春：《中国农村法律信仰危机的表现、成因与解决途径》，《云南行政学院学报》2006 年第 5 期；李保平：《法律信仰与宁夏跨越式发展研究》，《宁夏大学学报》（人文社会科学版）2009 年第 5 期；赵天宝：《论乡土社会法律信仰的建构》，《湖北社会科学》2014 年第 7 期。

仰、信仰与秩序命题予以解读。[①] 其中，基于中西方法律传统的差异以及伯尔曼的“法律必须被信仰，否则它将形同虚设”的不同解读，法律信仰这一命题在我国一度引发热议，形成了法律信仰支持论与法律信仰摒弃论之争。法律信仰支持论在 20 世纪 90 年代兴起，迎合了国家法治现代化的需要，有其独特的生存市场空间，一度成为我国法学发展中的“重要关键词”。[②] 法律信仰支持论的代表者坚信法律信仰对依法治国的推进和民族国家的建设具有重要意义，如“法律信仰最终实际上关涉对于民族国家及其文明的忠诚和归依”[③]，法律信仰的建立是“法治现代化的一项基础工程”[④]，是“建设法治国家的精神条件”[⑤]，是“实现社会主义价值信仰”[⑥] 的必经之途，是“树立法律权威的必经历程”[⑦] 等；法律信仰摒弃论者的代表如魏敦友、张永和、刘焯、范愉、范进学等，摒弃的原因主要集中在我国的法律不具备西方社会的宗教意义和

---

① 孙文恺：《中国语境下“法律信仰”的内涵——从伯尔曼的〈法律与宗教〉谈起》，《内蒙古大学学报》（哲学社会科学版）2009 年第 3 期；卢刚：《中国当下法律信仰的悖论——基于对伯尔曼〈法律与宗教〉的分析为视角》，《长白学刊》2009 年第 4 期；范进学：《“法律信仰”：一个被过度误解的神话——重读伯尔曼〈法律与宗教〉》，《政法论坛》2012 年第 2 期；罗伦：《“法律信仰”危机与选择：伯尔曼的问题与方案》，《四川师范大学学报》（社会科学版）2018 年第 2 期；杨震、席春玲：《法律教育改革与法律信仰的培养——评〈信仰与秩序：法律与宗教的复合〉》，《高教探索》2018 年第 9 期；俞学明：《“伯尔曼之思”：从法律信仰到现代性反思——以当代中国“法律信仰”的流行成因探讨为线索》，《世界宗教文化》2019 年第 1 期。

② 刘小平、杨金丹：《中国法律信仰论的内在悖论及其超越》，《法商研究》2014 年第 2 期。

③ 许章润：《法律信仰与民族国家》，《读书》2003 年第 1 期。

④ 刘春兵：《法律信仰：依法治国的内驱力》，《郑州大学学报》（哲学社会科学版）2003 年第 5 期。

⑤ 常桂祥：《法律信仰：法治国家之灵魂》，《齐鲁学刊》2005 年第 2 期。

⑥ 李海青：《现代性视野中的法律信仰》，《思想战线》2005 年第 4 期。

⑦ 卢泽铭：《法律信仰——中国法治建设的基础》，《学术论坛》2006 年第 8 期。

自然法意义，并非超验和“普适性对象”[①] 不能被信仰，不具备“被信仰的超然品质”[②]，主张以“法律信念”[③]、“法律信任、法律忠诚”[④] 替代法律信仰。“‘信仰法律’的提法有违法理”[⑤]，在中国难以实现西方社会的宗教与法律的合一，“法治绝不可通过建立法律迷信的方式实现”[⑥]。

表 0－1　**法律信仰与法治信仰研究核心期刊文献分布比较**（1995—2021）

（单位：篇）

年份	1995	1996	1997	1998	1999	2000	2001	2002	2003	2004	2005	2006	2007	2008
法律信仰	1	1	1	1	3	0	4	2	3	6	8	11	6	13
法治信仰	0	0	0	0	1	0	1	1	1	0	0	0	0	1
年份	2009	2010	2011	2012	2013	2014	2015	2016	2017	2018	2019	2020	2021	合计
法律信仰	13	6	15	8	6	3	10	10	3	5	1	0	0	140
法治信仰	0	0	0	0	1	1	4	5	2	5	3	2	1	29

与法律信仰命题研究比较而言，法治信仰的相关研究则相对较少。登录“中国知网”以“法律信仰”为篇名，文献来源合并“核心期刊”和“CSSCI”进行精确检索，合计检索期刊论文计 140 篇；以“法治信仰”为篇名，文献来源合并“核心期刊”和“CSSCI”进行精确检索，合计检索期刊论文仅为 29 篇（其中 1999 年 1 篇，2000 年空缺，2001—2003 年各 1 篇，2004—2007 年空缺，2008 年 1 篇，2009—2012 年空缺，2013 和 2014 年各 1 篇，2015 年 4 篇，2016 年 5 篇，

① 张永和：《信仰与权威》，法律出版社 2006 年版，第 195 页。

② 张永和：《法律不能被信仰的理由》，《政法论坛》2006 年第 3 期。

③ 魏敦友：《理性的自我祛魅与法律信念的确证——答山东大学法学院谢晖教授》，《广西大学学报》（哲学社会科学版）2001 年第 2 期。

④ 刘焯：《“信仰法律”的提法有违法理》，《法学》2006 年第 6 期。

⑤ 刘焯：《“信仰法律”的提法有违法理》，《法学》2006 年第 6 期。

⑥ 范愉：《法律信仰批判》，《现代法学》2008 年第 1 期。

2017年2篇，2018年5篇，2019年3篇，2020年2篇，2021年1篇)。[①]

无论是法律信仰命题的广泛研究抑或法治信仰命题的提出，再次证明了信仰法律与信仰法治，对于我国推行法治中国建设和践行全面依法治国而言具有重要意义。2013年伊始，《人民日报》连续发表3篇法治评论，分别提及“以法治凝聚改革共识……在于推动形成对法治本身的崇尚和信仰”[②]。“每一个判例，都可能为公众的法律信仰添加一块基石；而每一次失误，也都可能成为这一信仰崩塌的链条”[③]“党的十八大把‘法治’作为社会主义核心价值观的一大要素，就是要让法治成为一种全民信仰”[④]。此后，《人民论坛》期刊又陆续刊出3篇推进法治信仰建构的论文。[⑤] 如何让法治成为公民信仰或者说法治信仰的形成路径已成为焦点议题，[⑥]且以大学生群体法治信仰的培育论证与分析居多；[⑦] 如何在文化认同或者说文化断裂中构建法治信仰的讨论，也充分说明了法治信仰培育之艰难；[⑧] 还有论者从综合的视角探讨法治信仰的重要

---

① 检索日期截止到2022年1月27日，具体详见表0-1。

② 本报评论部：《营造法律至上的法治环境》，《人民日报》2013年2月27日第5版。

③ 本报评论部：《在每个案件中体现公平正义》，《人民日报》2013年2月28日第5版。

④ 本报评论部：《让法治成为一种全民信仰》，《人民日报》2013年3月1日第5版。

⑤ 张永和、孟庆涛：《法治信仰形成路径探析》，《人民论坛》2013年第14期；马怀德：《如何让法治成为信仰》，《人民论坛》2013年第16期；姜明安：《如何让法治成为国民信仰》，《人民论坛》2013年第18期。

⑥ 毛杰：《论公民法治信仰的培育路径》，《中州学刊》2016年第10期；魏长领、宋随军：《全面从严治党与法治信仰的培育——学习党的十八届六中全会精神》，《郑州大学学报》（哲学社会科学版）2017年第1期；周军虎、何祥林：《法治信仰的培育探究》，《理论月刊》2017年第2期。

⑦ 刘同君、夏民：《大学生人文教育与法治信仰》，《江苏高教》2002年第2期；徐蓉：《法治教育的价值导向与大学生法治信仰的培育》，《思想理论教育》2015年第2期；张兵：《大学生法治信仰的误区及其化解路径分析》，《湖北社会科学》2016年第12期；宋随军：《培育大学生法治信仰具有多重意义》，《中国高等教育》2019年第1期。

⑧ 权麟春：《在文化认同的视域中培育法治信仰》，《学习论坛》2016年第2期；张善根：《文化断裂中的法治信仰逻辑与构建》，《探索与争鸣》2016年第10期。

意义。[①] 此外，在学位论文方面呈现了题为“中国法律接受”[②]、“法律认同”[③]、“公民法治意识生成”[④]、“法律信任”[⑤] 以及“法治思维”[⑥] 等相关研究。

从当前学界对中国法治信仰的研究来看，多呈现出国家取向的视角，要么从国家治理或者秩序的意涵等宏观层面对法治信仰作出阐释，讨论法治信仰的价值与建构；要么是以对大学生群体法治信仰教育或培育微观层面的分析居多。缺少对法治信仰的整体性剖析，未能将法治信仰这一理论课题纳入建设社会主义法治国家的现实意义和全面推进依法治国的战略意义上予以考察和分析。

迄今以“法治信仰”为篇名检索的核心期刊论文仅为29篇，且尚未有关于法治信仰这一主题的博士学位论文，文献数量甚少与当下法治信仰课题的重要性比较而言不相称；政界或学界在急需推出或践行法治信仰命题时，很少关注社会公众的取向，即社会公众为什么要信仰法治？社会公众信仰法治的困境在哪里？社会公众的法治信仰该如何生成？也即缺少整体性思维考量法治信仰的培育与建构。法治信仰的研究要具有宏观的视野，在具体研究“法治信仰”时应当将其置于主体客体的分野、中国特色社会主义法治道路的选

① 周志非：《关于法治信仰的思考》，《理论前沿》1999年第19期；阎海燕：《试论法治信仰》，《理论探索》2001年第4期；郑红：《坚守法治信仰　强化法律监督》，《人民检察》2014年第2期；陈云东：《树立法治信仰　建设法治中国》，《学术探索》2015年第6期。

② 叶立周：《当代中国法律接受研究》，博士学位论文，吉林大学，2008年。

③ 林坤：《论法律认同——基于中国语境的考察》，博士学位论文，西南政法大学，2013年。

④ 夏丹波：《公民法治意识之生成》，博士学位论文，中共中央党校，2015年。

⑤ 王明文：《论当代中国法律信任的建构》，博士学位论文，吉林大学，2015年。

⑥ 张静焕：《法治思维研究》，博士学位论文，吉林大学，2018年。

择、我国的历史文化传统以及具体现实情境等多维视角下予以讨论和分析。

法治信仰课题的研究与分析强调的是一个整体性思维，这种思维须基于法治信仰如何形成这一逻辑而展开。围绕该主旨和逻辑需要对“缘何在当代提出法治信仰”“法治信仰的理论界说”“法治信仰的结构与功能”“法治信仰形成的困境及原因”“法治信仰的生成基础与机制”以及“法治信仰的具体建构路径”等系列问题做出回应。上述问题层层递进的剖析与诠释，体现本书论证的基本逻辑和研究脉络。其中，法治信仰形成的困境及原因、法治信仰的生成基础与机制以及法治信仰的具体建构路径系本文的核心与关键。只有了解和熟悉法治信仰的基本理论、结构与功能，只有洞悉法治信仰形成的具体困境、生成基础与机制，才能进一步揭示法治信仰的具体构建路径，这对于为了投身法治中国伟大实践的决策者和执行者而言至关重要。

三　研究方法与创新

本书主要采用如下研究方法：

首先是文献研究分析法。通过文献检索与阅读，获取法治信仰的有关知识与资料，为进一步的研究奠定理论基础。通过文献研究，主要获得信仰、法律信仰、法治信仰的基础理论，为法治信仰的课题有效开展做好铺垫。

其次是结构功能主义分析法。法治信仰的形成是一个系统工程，既要了解法治信仰的内在结构，又要对法治信仰的外在结构加以分析，还要从整体上分析法治信仰的功能。无论是对法治信仰形成困境的分析，还是对法治信仰路径实现的讨论都得益于结构功能主义理论与分析视角的运用。

最后是多学科交叉分析法。法治信仰的课题研究涉及宗教学、哲学、心理学、法学、社会学、文化学等交叉学科研究，其中有关信仰的研究涉及宗教学、哲学、心理学等学科的知识，而法治本身则是法学或者说法学理论研究的天然课题。同时，法治或者说法治信仰作为一种文化其研究又涉及文化学领域的知识，具体到法治信仰的生成与建构又涉及法学、文化学、社会学、心理学等交叉学科的综合运用。

本书的主要创新之处在于：

关于法治信仰课题的研究兼具探索性、解释性特点，从中国语境下分析法治信仰的建构助益于全面依法治国战略目标的推进和法治中国建设研究的文献不多，具有探索性的意义；通过结构功能主义的分析方法与视角洞悉法治信仰的结构，法治信仰形成的具体困境以及法治信仰的路径实现又具有解释性的特征。

从研究意义而言，法治信仰研究课题的提出既是基于当前道德底线的失守，又是基于当前法治建设不足与社会公平缺失的考量。探寻和解读法治信仰的中国意涵，构建和把脉法治信仰的生成机制，对推进法治中国建设和坚持全面依法治国具有根基意义和战略意义。

从研究方法而言，法治信仰研究是宗教学、法学、社会学、哲学、心理学、文化学等交叉学科、综合知识的运用，既避免了单科研究的局限，又拓展了全书的研究视野；同时，运用结构功能主义这一社会学理论方法分析和探讨法治信仰的生成与建构具有一定的创新性。

从研究内容而言，中国的法治信仰不同于西方的法律信仰，不具有西方天然的宗教和自然法属性；中国的法治信仰有其特殊性，它与政治信仰一脉相承，法治信仰的中国建构是马克思主义信仰在中国的具体展现，它不仅包含了对法律的信仰，对法治实施的信仰，对法治所承载价值的信仰，更是对中国特色社会主义法治道路的信仰，对法治中国的信仰。

第一章　法治信仰的理论界说

第一节　有关信仰的基本理论

信仰是一种历史现象，是一种人类独有的精神现象，是一种社会文化。探究法治信仰课题有必要对信仰的基本理论进行梳理。学界关于信仰的诸多有益探索，为法治信仰的中国建构这一课题的研究提供了很好的理论借鉴。分析和阐释有关信仰的概念与特征、结构与功能、信仰的基本类型等，正是本研究的逻辑起点。

一　信仰的概念与特征

（一）信仰的基本概念

信仰属于一种文化现象，信仰的概念如同文化的概念一样多维多义，有学者指出："信仰'难'，研究信仰更难。"[①] 本书无力为信仰作出一个学界通用的概念。信仰研究是一种综合性的研究，涉及宗教学、哲学、心理学、社会学等诸多交叉学科知识的运用和诠释，

---

① 荆学民：《人类信仰论》，上海文化出版社 1992 年版，第 282 页。

比较而言，本书认为社会学意义上的信仰概念对于法治信仰的中国研究而言更为适用。法治信仰的生成是一个社会化的过程，更多的是强调信仰作为一种文化的内化意义。

从宗教学意义而言，“对于精灵实体的信仰”① 是从宗教发端的意义而言的，体现的是万物有灵。“信仰是宗教的本质和核心”②，“天国的来临所显现给我们的只有信仰”③，“宗教是一种与既与众不同、又不可冒犯的神圣事物有关的信仰与仪轨所组成的统一体系、这些信仰与仪轨将所有信奉它们的人结合在一个被称为‘教会’的道德共同体之内。”④ 在西方社会宗教与信仰同义，信仰即宗教信仰，是对一种高级宗教的信仰，如基督教信仰。

从哲学的意义而言，“哲学应当为我们指明本能信仰的层次，从我们所最坚持的那些信仰开始”⑤，信仰“是人们对某种主张、主义和价值理想的极度信服和尊崇，寄托着人的精神的最高的眷注和关怀”⑥。“信仰是指特定社会文化群体和生活于该社群文化条件下的个体，基于一种共同价值目标期待之基础上，所共同分享或选择的价值理想或价值承诺。”⑦ 学者黄慧珍认为，应将人类社会的三大形态与人类的信仰结构相结合来具体地考察信仰本质。在强调人的依

---

① Tylor. E. B. , *Primitive Culture*, Landon: John Murray, 1871, p. 4.

② ［德］西美尔：《现代人与宗教》，曹卫东译，中国人民大学出版社 2003 年版，第 9 页。

③ ［德］雅斯贝尔斯：《大哲学家》，李雪涛译，社会科学文献出版社 2005 年版，第 161 页。

④ ［法］涂尔干：《宗教生活的基本形式》，渠东、汲喆译，上海人民出版社 2006 年版，第 42 页。

⑤ ［英］罗素：《哲学问题》，何兆武译，商务印书馆 2007 年版，第 17 页。

⑥ 张曙光：《“信仰”之思》，《学术研究》2000 年第 12 期。

⑦ 万俊人：《信仰危机的“现代性”根源及其文化解释》，《清华大学学报》（哲学社会科学版）2001 年第 1 期。

赖关系并以自然经济为基础的自然社会，人的信仰表现为自然崇拜和对权威的崇拜；在强调对物的依赖关系的商品经济社会，人类的信仰结构开始分化，其实质是突出对价值追求和真理追求的矛盾；在追求人的全面发展和自由人联合的社会，个体在信仰上追求真理与价值两个异化的矛盾在理论和实践上将得以合理解决，其重要意义在于揭示出“一切信仰危机都可以归结为信仰结构中价值因素同真理因素的分裂”①。哲学意义的信仰更为强调信仰的价值意义，“本能信仰中，有些比起别的来要有力的多”② 也正是基于对共同体的价值目标与价值选择意义的诠释。

从心理学的意义而言，“大部分的人从记忆难及的洪荒时代就感受到了一种信仰的需要，需要信仰是一种生命的延续性”③。“信仰是一个人的基本态度，是渗透在他全部体验中的性格特征。”④ 信仰是“一种复合的心态，本身包含有认识的、逻辑的、理性的成分，以及情感的、生命的、感伤的、非理性的成分。所有这些成分大致上可归结为认知、情感、意志三种因素”⑤。“信仰是指人们对一定的世界观、人生观、价值观等的信奉和遵循。它居于人的精神世界的核心地位，与人的知、情、意相联系，并且贯穿于整个意识领域和精神活动之中。”⑥ 心理学的信仰是“一种精神状态”⑦，更多的是

---

① 黄慧珍：《论信仰的本质及其历史形态》，《哲学研究》2000 年第 5 期。

② ［英］罗素：《哲学问题》，何兆武译，商务印书馆 2007 年版，第 17 页。

③ ［瑞士］荣格：《寻求灵魂的现代人》，苏克译，贵州人民出版社 1987 年版，第 127 页。

④ ［美］弗洛姆：《为自己的人》，孙依依译，生活·读书·新知三联书店 1988 年版，第 181 页。

⑤ 刘建军：《马克思主义信仰论》，中国人民大学出版社 1998 年版，第 80 页。

⑥ 李幼穗、张镇：《精神信仰的心理学含义》，《天津师范大学学报》（社会科学版）2002 年第 6 期。

⑦ Quassim Cassam, *Judging*, *Believing and Thinking*, *Philosophical Issues*, Philosophy of Mind, 2010, p. 81.

强调一种本能的精神需求，凸显的是信仰主体心理上的知、情、意的过程表达，追求的是对核心价值观的依赖与信奉，是对个体生命意义的价值关怀，信仰由一种“超越现实、追逐进步的心理能力”[①]开始。

从社会学的意义而言，信仰是“被社会成员共享、合作和交流的文化要素，它们形成了社会中个体赖以生活的基本环境”[②]。“是信仰原理支配着整个社会领域，也是它由此而决定了社会的运作机制。一句话，社会事实是信仰的产物”[③]。“信仰是个体身份的实体，它通过制度决定着个体行为的方式和运动方向……信仰则呈现出它的一种基本属性：决定文化事实与社会事实的结构以及这些事实之间的关系的力量。”[④] 社会学的信仰更多的是强调社会化的内化意义，“信仰等文化内容是通过社会化的途径与社会联系起来”[⑤]，通过促使个体把握社会的核心价值观念以达至构建整体社会的价值追求并最终形成信仰。信仰通过制度影响个体的行为实践，“‘信仰’包括‘科学的诸意识形态’，而‘社会行动者的日常行为’则是信仰的后果”。[⑥] 故有何种信仰便会有何种制度、组织以及行为实践，也正是基于现代性的危机，人类对未知科学技术了解和掌握得越多，面临的社会风险就越多，“信仰随着副作用的增长和被了解而瓦解并变得荒谬”[⑦]，而这种危机所致的无意义感又成为“人们追求信仰的根本

---

① 王晶：《社会转型期农民信仰问题研究》，博士学位论文，东北师范大学，2004 年。

② ［英］吉登斯：《社会学》，赵旭东等译，北京大学出版社 2003 年版，第 21 页。

③ 蔡华：《“信仰”概念的意义与用法》，《学术研究》2011 年第 9 期。

④ 蔡华：《“信仰”概念的意义与用法》，《学术研究》2011 年第 9 期。

⑤ 朱霖：《当代中国农民信仰问题研究》，博士学位论文，西南财经大学，2011 年。

⑥ 蔡华：《“信仰”概念的意义与用法》，《学术研究》2011 年第 9 期。

⑦ ［德］贝克等：《自反性现代化：现代社会秩序中的政治、传统与美学》，赵文书译，商务印书馆 2014 年版，第 181 页。

性心理依托”[①]。

关于信仰概念的宗教学、哲学、心理学以及社会学意义的解读都共同指向，信仰作为个体的精神性需求，强调的是对确定核心价值观的追求与信奉，并以此作为人们的行动指南指引个体的行为实践。

（二）信仰的相关概念

为了更好地把握信仰的内涵及所属特征，有必要对信仰的相近或相关概念加以厘清。

1. 信仰与相信、信任、信用、信念

相信、信任、信用、信念语义相近，相近的基础均在于“信”或者说相信。“‘信’字被列在《说文》的‘言’部，而非‘人’部。我们或许可以认为，汉代以前的人们认为，与‘信’直接相关的是‘言’。”[②] 诸如书信、信使、凭证，而后逐渐发展为相信、信任、信用以及信念等，只是在个体内心的相信或确信程度不同而已。相信与怀疑相对，与信任、信用、信念以及信仰比较而言是最为基础和前提性的，没有相信做支撑其他都是妄谈。

“汉语中的信任常被界定为信得过而托付重任”[③]，“信任的效果是托付的意愿和行为”[④]。与信仰相似，“信任”一词在学理上也受到经济学、心理学、社会学、政治学以及管理学等诸多学科的青睐。经济学中的信任是“经济人在面临一系列约束条件的前提下，经过

① 赵华伟：《当代中国大学生信仰教育问题研究》，博士学位论文，山东大学，2016 年。
② 郑也夫：《信任：溯源与定义》，《北京社会科学》1999 年第 4 期。
③ 王明文：《论当代中国法律信任的建构》，博士学位论文，吉林大学，2015 年。
④ 张善根：《法律信任论》，中国法制出版社 2018 年版，第 21 页。

理性算计之后的一种行为选择”[①]，“是人际交往的产物，它基于人际交往关系中的理性算计和情感关联”[②]。主要是基于市场经济交换行为的一种经济人假设的考量。心理学中的信任“是个体基于对他人行为是否会遵守或破坏道德标准所做的一种反馈行为”[③]。“建立在对他人的意向或行为的积极预期基础上而敢于托付（愿意承受风险）的一种心理状态。”[④] 强调的是个体的心理预期与心理状态，关注的是基于个人的人际互任。与心理学的信任研究比较，社会学的信任研究有所扩展，强调的不仅仅是微观意义上的人际互任，而是一种社会互任。信任是“对一个人或一个系统之可依赖性所持有的信心”[⑤]，“是对某人期望的信心，它是社会生活的基本事实”[⑥]。离开信任，“社会自身将变成一盘散沙”[⑦]。政治学中的信任源于对政府的信任转向为对政治的信任，“是人们对政治制度和政府绩效、政治制度可信性的一种理性评估”[⑧]。“是公民基于对政府及整个政治体系的感知、判断而产生的政治态度。”[⑨] 政治信任需要以社会信任

① 叶初升、孙永平：《信任问题经济学研究的最新进展与实践启示》，《国外社会科学》2005 年第 3 期。

② Lewis & Weigert, “Trust as a social reality”, *Social Forces*, Vol. 63, No. 4, 1985, pp. 967 – 985.

③ D. M. Messick & R. M. Kramei, *Trust as a Form of Shallow Morality*, in K. S. Cook (ed.), Trust in Society, New York: Russell Sage Foundation, 2001, pp. 89 – 119.

④ 张宁、张雨青、吴坎坎：《信任的心理和神经生理机制》，《心理科学》2011 年第 5 期。

⑤ ［英］吉登斯：《现代性的后果》，田禾译，译林出版社 2011 年版，第 30 页。

⑥ ［德］卢曼：《信任：一个社会复杂性的简化机制》，瞿铁鹏、李强译，上海人民出版社 2005 年版，第 1 页。

⑦ ［德］西美尔：《货币哲学》，陈戎女等译，华夏出版社 2007 年版，第 111 页。

⑧ K. Nemton, “Trust Capital, Civil Society, and Democoracy”, *Internation Political Science Review*, 2001, 22 (2), pp. 201 – 214.

⑨ 陈型颖、王衡：《政治信任、社会网络与抗争倾向：基于 53 个国家和地区的实证比较》，《社会》2018 年第 1 期。

为基础，二者呈正相关。管理学中的信任是“组织控制的机制、是管理理念和管理哲学的关键要素、是组织网络形式运转的要因”[①]。“是组织中强有效的管理工具”[②]，强调的是基于组织的信任。

“信用”一词是“随着经济学地位的提升及社会信用缺失的严峻现实”[③] 而备受关注。经济学意义上的信用认为“信用就是对契约关系中义务承担者履约意向、履约能力和履约后果的确定性预期”[④]。伦理学意义上的“信用伦理是一种严格的道义伦理要求，是因为它首先是对承诺双方的责任要求”[⑤]。法学意义上的信用“是行为人的品性与行为能力的有机统一体”[⑥]，“产生于过去和未来之间，根源于‘基于过去而对未来产生’的‘信任’”[⑦]。与法治结合而产生的法治信用。从上述关于信用的界定来看，信用主要是指人际交往之间的信用或者说承诺信用，当然其与法律、道德等社会规范结合之后就产生了“规则信用”[⑧]，强调对个人承诺的履约与对普遍规则的践行。

从信仰形成的心理机制来看，信仰是由最初的“相信”经由“信任”，再经由“信用”而最后达致信仰的，这种递进关系表明了主体内心确信状态的逐步坚定。唯有以相信为基础，才能逐渐产生出一定的人际信任、社会信任、组织信任和政治信任等。“信仰即是

---

① ［美］克雷默、泰勒：《组织中的信任》，管兵等译，中国城市出版社 2003 年版，第 21 页。

② 万涛：《信任与组织公民行为：心理授权的调节作用实证研究》，《南开管理评论》2009 年第 3 期。

③ 王淑芹：《信用概念疏义》，《哲学动态》2004 年第 3 期。

④ 吴汉洪、徐国兴：《信用本质的经济学分析》，《中国人民大学学报》2004 年第 4 期。

⑤ 万俊人：《信用伦理及其现代解释》，《孔子研究》2002 年第 5 期。

⑥ 王平生、陈秋玲：《论法治信用》，《政治与法律》2007 年第 1 期。

⑦ 王若磊：《信用、法治与现代经济增长的制度基础》，《中国法学》2019 年第 2 期。

⑧ 王淑芹：《信用概念疏义》，《哲学动态》2004 年第 3 期。

信任，它是不可解构的希望。”① “较之于信任，信用的‘理性化’程度更高。”② 信任在本质上是主体内心的一种期待和精神状态，信用则是对信任这种主体内心期待和精神状态的“评价性转化”，③ 也即唯有经过一定期对信任程度的观察、比较、识别和权衡才会进一步产生信用。信任强调的是一种期待的可能性或者不确定性，信用则是需要对信任进行评估与确信之后才形成。比较而言，信用更具理性。只有通过主体内心信任程度的逐步提升、信用程度的渐进积累，进而才会形成对某种主张、主义和价值理想的信服与尊重，并最终形成坚定的信仰。

“信念”一词，“是人对某种对象、状态或观念抱有深刻信任感的精神状态……是信在情感和意志方面的强化，它是由‘相信’这种肯定心态发展到在行动上不可遏制地要表现出来的一种主体精神状态。”④ 某种意义而言，信仰与信念是同义语，都是主体对价值观念的精神追求，都是信的知、情、意的表达，都是具体个体的自我倾向性，都以相信、信任、信用为基础，都比相信、信任、信用稳定、持久而深刻。但是，信仰以信念为基础，信仰对信念具有引领功能，最高层次的信念才是信仰，信念的外延较信仰而言更广。在由主体的不同信念所构成信念体系中，信仰“是信念的一种”，⑤ 是信念体系中的最高层次，“是人们关于普遍、最高（或极高）价值

---

① Karl Jaspers, *Philosophy* (Vol. 2), Chicago: the University of Chicago Press, 1971, p. 245.

② 王若磊：《信用、法治与现代经济增长的制度基础》，《中国法学》2019 年第 2 期。

③ 王若磊：《信用、法治与现代经济增长的制度基础》，《中国法学》2019 年第 2 期。

④ 罗中枢：《论信、信念、信仰、宗教信仰的特征及意义》，《宗教学研究》2007 年第 2 期。

⑤ 张国荣：《信仰与制度：道德教育的两种机制》，博士学位论文，华中师范大学，2015 年。

的信念"[①]，是"一种在人的精神世界中占据统摄地位并具有支配作用的信念，是人们关于社会最高理想和人生最佳境界的信念"[②]。当信念"成为人的一定总体性、普遍性的观念和态度时"[③]，信念与信仰则语义互通一致。

2. 信仰与宗教、理想、科学、迷信

宗教的概念多义多元，从不同立场分析则有不同的结论。宗教的本质从人类学或历史学、心理学与社会学三种不同角度来看，其本质表达为"第一种是以宗教信仰的对象（神或神性物）为中心；第二种是以宗教信仰的主体（人）为中心；第三种则是以宗教信仰的环境（社会）为中心"[④]。第一种概念强调诸如西方的基督信仰或宗教信仰以及神灵信仰，第二种概念强调宗教的个人体验以形成个人宗教，第三种概念从文化意义上强调宗教的社会功能，这三种概念或者说宗教观"都离不开神观念"[⑤] 作为基础的推理，各种观念中的神被崇拜、被信奉则"必须表象为信众可以共同感知和体认的感性物，它必须外在化、必须物态化"[⑥]。诚如原始社会对自然、对图腾，基督教对耶稣，多神教对人格化偶像的崇拜与信奉都能追溯到象征体。原始宗教信仰具有一定的自发性，宗教行为实践的发生是宗教观念与宗教情感的外在表现，社会性宗教功能

---

① 李德顺：《论信仰》，《前线》2000 年第 2 期。

② 陆攀：《马克思主义信仰的历史演变研究》，博士学位论文，安徽大学，2014 年。

③ 李德顺：《论信仰》，《前线》2000 年第 2 期。

④ 吕大吉：《宗教是什么？——宗教的本质、基本要素及其逻辑结构》，《世界宗教研究》1998 年第 2 期。

⑤ 吕大吉：《宗教是什么？——宗教的本质、基本要素及其逻辑结构》，《世界宗教研究》1998 年第 2 期。

⑥ 吕大吉：《宗教是什么？——宗教的本质、基本要素及其逻辑结构》，《世界宗教研究》1998 年第 2 期。

的发挥依赖于组织与制度的形成。"宗教是关于超人间、超自然力量的一种社会意识，以及因此而对之表示信仰和崇拜行为，是综合这种意识和行为并使之规范化、体制化的社会文化体系。"[①] 信仰分为"一种是科学信仰，还有一种是宗教信仰"[②]。辨析信仰与宗教的关系其实是讨论科学信仰与宗教信仰的关系问题。科学信仰"不等于宗教，更不等于信神（有神论）"[③]，科学信仰对价值的精神追求是对肯定性自我意识的确认，"宗教信仰在本质上是异化形式的自我意识，否定性的自我意识"[④]。科学信仰对精神的价值追求，强调的是对未来的憧憬和向往，具有时间向度性，宗教信仰强调的是对彼岸追寻和心灵慰藉；科学信仰是对现实的一种否定，是对现实社会矛盾的一种反思，凸显"以实践的方式变革现实的要求"[⑤]。科学信仰强调质疑、批判与变革，宗教信仰则强调"无条件的信奉，对宗教教义不容置疑"[⑥]。科学信仰强调的是主体对客观真理的理性追求和践行并且其信仰结果经得起实践的检验与证明，是"把经过科学证明的真理性研究转变为实践活动的信仰和成果，并将科学结果内化为自己的信仰"[⑦]。宗教信仰突出的则是主体对神灵的信奉与膜拜，是对神灵的一种盲目追求和依赖，其信仰结果难以被实践检验与证明。

理想是"人在意识中对未来现实美好、圆满的想象……理想

---

① 吕大吉：《宗教学通论新编》，中国社会科学出版社 1998 年版，第 79 页。

② 刘江宁：《当代中国大学生信仰问题研究》，博士学位论文，山东大学，2012 年。

③ 李德顺：《科学・信仰・无神论》，《求是》2003 年第 22 期。

④ 黄慧珍：《论信仰的本质及其历史形态》，《哲学研究》2000 年第 5 期。

⑤ 黄慧珍：《论信仰的本质及其历史形态》，《哲学研究》2000 年第 5 期。

⑥ 赵华伟：《当代中国大学生信仰教育问题研究》，博士学位论文，山东大学，2016 年。

⑦ 刘江宁：《当代中国大学生信仰问题研究》，博士学位论文，山东大学，2012 年。

分为具有实践性品格的现实关切之理想和作为人的精神之皈依的终极关怀之理想两种”[①]。由此可知，与信念相似，理想的外延比信仰更宽泛。理想与信仰都强调对未来的憧憬与追求，都强调对现实的超越性，都强调对人的精神价值的终极关怀，当理想表达为对精神价值的终极关怀时，理想则与信仰同义。现实当中我们谈及的理想更多的是“具有实践性品格的现实关切之理想”，而信仰则指对精神价值的终极关怀。二者比较而言，“具有实践性品格的现实关切之理想”更为现实、具体和明确，比如个体的理想可以是成为科学家、公司总裁、银行家、教师等，具有更强的实践性和实现性；但是，信仰较为抽象、普遍和唯一，作为最高价值追求的信仰一旦形成，便具有了恒定意义和终极意义。比如马克思主义信仰、共产主义信仰、道德信仰等，理想不应仅仅停留在“具有实践性品格的现实关切”层次。当然，理想是信仰实现的基础，信仰对理想的实现具有指导意义，信仰影响着理想的内容、方向和深度，是实现理想的“内在原动力”。[②] 主体如若缺失理想则无法谈及信仰的实现，“理想是以一定信念和信仰为基础的价值目标体系”[③]，倡导通过“确立理想和为理想而奋斗来实现”[④] 信仰，使理想升华为作为人的精神之皈依的终极关怀的信仰层次意义更为重大。

科学与信仰是人类认识、理解和把握世界的两个维度，“科学既是关于自然、社会和逻辑思维的知识系统，也是实践活动的主要形

① 张曙光：《“理想”的哲学反思》，《南昌大学学报》（人文社会科学版）1999 年第 3 期。

② 赵华伟：《当代中国大学生信仰教育问题研究》，博士学位论文，山东大学，2016 年。

③ 李德顺：《价值论》，中国人民大学出版社 2007 年版，第 208 页。

④ 陆攀：《马克思主义信仰的历史演变研究》，博士学位论文，安徽大学，2014 年。

式之一”[①]。科学与信仰的融合在于科学所具有的价值理性，价值理性的功能在于助益于人类整体的、共同的终极价值目标的实现；科学与信仰的冲突体现在科学所具有的工具理性，科学所具有的工具理性是中性的，它可能与价值理性目标一致，也可能相悖。科学强调对客观规律的尊重，信仰则突出主体能动性的发挥。无论是科学抑或科学信仰其前提与基础均强调“无神论”,[②] “科学使信仰富于理性，信仰给科学以强大的精神动力”[③]。二者在冲突融合中得以发展。主体信仰的形成需要科学文化知识的发展给予支撑，但是科学有可能给主体带来灾难与困惑，科学在带来生产力和经济效益的同时还有可能消解信仰。信仰的终极意义是给主体带来价值关怀，主体的终极价值关怀意义只能通过信仰而无法通过科学得以有效解决。当然，科学在带来生产力的发展和经济效益方面、解决主体物质需求方面的功能也是信仰无法取代的。

迷信“不仅仅是对神仙鬼怪的信仰，它还包括那些盲目的信仰和崇拜”[④]。对超自然力量的信仰，源于社会主体内心的恐惧，源于希望得到庇佑和保护的心理，是一种“反理性”[⑤] 或者说“非理性的信仰和活动”[⑥]。与信仰相比，迷信“没有崇高信仰对象和追求目标，关心的只是眼下的短暂的好处”[⑦]。二者都涉及对未知领域的探

① 郑广永:《从文化的视角看科学与信仰的冲突》,《中国人民大学学报》2006 年第 1 期。

② 李德顺:《科学 · 信仰 · 无神论》,《求是》2003 年第 22 期。

③ 周文华、王公晓:《论科学与信仰的和谐发展》,《广东社会科学》2012 年第 4 期。

④ 张浩:《略论科学与迷信》,《理论学刊》2000 年第 6 期。

⑤ 李晓寰:《对现代迷信的哲学反思》,《探索》1999 年第 5 期。

⑥ 熊哲宏:《现代迷信的本质、特征和根源》,《华中师范大学学报》(哲学社会科学版) 1991 年第 3 期。

⑦ 舒晓炜:《什么是迷信》,《世界宗教文化》2003 年第 1 期。

求、都属于精神现象，但是科学信仰是对真理的追求，强调的是主体的理性。日常生活中迷信随处可见，如占卜、巫术、相术、风水术等均属于非科学的信仰，是缺少理性的盲目追求与崇拜。迷信也与宗教信仰相异，比较而言，迷信不具备宗教的属性，迷信意图急功近利，而宗教信仰则有系统的教规教义，是受到国家保护的，宗教信仰给社会主体以安定，强调人生的终极意义。迷信与科学截然对立，破除迷信的弊端，应该推进科学的进步以提高人们的认识能力。当然，在物质相对丰富而精神需求相对匮乏的时代，迷信也是“一种实现心理平衡的手段”①。

（三）信仰的基本特征

从信仰的主体而言，信仰具有“主观性和专一性”② 特征。其中，信仰的主观性意指从信仰主体的实际需要考量信仰客体的实际内容，即信什么源自于主体的需求或者说主观能动性；信仰的专一性意指主体的信仰一旦形成，便会对信仰客体形成情感依赖并达至一种虔诚，便会具有坚定性的属性。从信仰的客体而言，信仰具有“理想性和虚幻性”③ 特征。其中，信仰的理想性意指信仰客体来源于现实又超越于现实，具有理想性和可实践性的属性；信仰的虚幻性意指信仰客体具有超越性的品质，“一切宗教都不过只是支配着人们日常生活的外部力量在人们头脑中的幻想的反映，在这种反映中，人间的力量采取了超人间力量的形式”④。是基于对信仰客体的价值追求以实现当下的生活价值，具有引领意义。有论者在上述特征分

① 熊哲宏：《现代迷信的本质、特征和根源》，《华中师范大学学报》（哲学社会科学版）1991 年第 3 期。

② 荆学民：《论信仰的特性》，《晋阳学刊》1994 年第 5 期。

③ 荆学民：《论信仰的特性》，《晋阳学刊》1994 年第 5 期。

④ 《马克思恩格斯选集》（第 3 卷），人民出版社 2012 年版，第 703 页。

析的基础上，提出信仰还具有“非实证性”[①] 的特征，信仰的非实证性主要是强调信仰主体的自主性，主体借助信仰精神之力实现对社会或者说信仰客体的不断超越。

有论者将信仰的本质特征概括为：“个体的自我意识性与社会物质性特征的结合、超越性、对信仰对象的极度信服以及终极关怀性”[②]；有论者从信仰主体的视角分析信仰是建立在“个人的理想承诺、理性选择以及个人的主观性”[③] 三个特征基础上；有论者从文化论的意义上指出信仰具有“信仰对象的超现实性、信仰价值目标的超功利性、信仰表达的非逻辑性、信仰过程鲜明的目的性以及信仰价值指向的专一性”[④] 等特征，其中“信仰价值目标的超功利性”并非排斥对个人利益的价值追求，而是寻求一种“对所追求的对象的付出或牺牲中得到精神性的满足”[⑤]，以获得对信仰客体价值的更深刻的体悟与追求，是一种对自我的超越。“信仰表达的非逻辑性”则是指信仰兼具理性与非理性因素，理性因素强调对信仰客体的追求与信奉，是建立在理性逻辑推理基础之上；非理性因素强调的是信仰主体对信仰客体的追求与信奉，是建立在一定的情感依赖和价值认同基础上。“信仰过程鲜明的目的性”突出信仰是对“现实的否定或部分否定，而非与现实妥协。”[⑥] 其实质是说明信仰主体之所以坚定的信仰客体，其基础在于对现实的质疑与不满，在于强调信

---

① 蒋荣：《马克思主义信仰的现代困境及出路：基于高校师生的经验证据》，中央编译出版社 2015 年版，第 21 页。

② 廖永红：《信仰的力量》，中国社会出版社 2016 年版，第 4—8 页。

③ 王文东：《宗教伦理学》（上），中央民族大学出版社 2006 年版，第 357—358 页。

④ 马晓燕：《当代中国人信仰问题研究》，博士学位论文，东北师范大学，2008 年。

⑤ 马晓燕：《当代中国人信仰问题研究》，博士学位论文，东北师范大学，2008 年。

⑥ 马晓燕：《当代中国人信仰问题研究》，博士学位论文，东北师范大学，2008 年。

仰的终极价值目标对现实环境改良与优化的引领之意。“信仰价值指向的专一性”是从文化的内化意义而言的，信仰的实现其实质是强调信仰的价值意义对信仰主体的内化，使信仰主体形成价值认同进而形成文化自觉，信仰主体便会坚定地、虔诚地信奉信仰，并以信仰为行动指南自觉规范日常行为实践。

也有学者论证了信仰具有“终极指向性、超越性、实践性、坚定性以及体验式”[①] 等特征，其“实践性”特征意指对信仰的追求与信奉是建立在现实的社会环境和信仰主体实践基础上的，信仰对实践具有引领意义。一方面强调主体以信仰为行动指南，通过对现实世界的改变以实现主体的价值，促使信仰的价值得以实现；另一方面又突出现实世界改变所带来的利益价值，使社会主体拥有获得感，社会主体的价值获得感又进一步促进主体信仰的坚定性，信仰的形成得益于主客体的双向实践互构。“体验式”特征则指信仰的形成离不开主体的实践，更需要社会主体的切身体悟，唯有在实践中社会主体体验、感受到信仰所带来的利益价值，才会真正促使社会主体形成对信仰自觉的追求与信奉。关于信仰特征的诸多分析与讨论，有助于更加深刻地理解信仰的内涵与本质，其中，信仰的“主观性”、“信仰价值目标的超功利性”、“信仰过程鲜明的目的性”、“实践性”以及“体验式”特征，对于信仰的形成具有重要意义。

二 信仰的结构与功能

（一）信仰的结构

有论者认为，“从纵向上看，信仰由低到高可分为‘可信’、

---

① 张琳：《现代性的信仰困境与信仰塑造》，博士学位论文，复旦大学，2012 年。

‘确信’和‘坚信’三层结构；从横向上看，信仰可分为‘理性与非理性’、‘相信与怀疑’四个维度”[①]。其中，纵向结构的可信、确信与坚信是从心理学意义上的分类，通过不同信仰主体信仰程度的差别以确证“信仰是否居于相信程度的中心位置”[②]。信仰客体本身是否具有给信仰主体带来利益感受和价值关怀的天然品质，是信仰客体具有可信性的前提，代表着信仰客体的可理解与可接受，这种可理解与可接受需要信仰主体进行一定的逻辑论证与实践感悟。唯有历经从可信到确信再到坚信层级意义的升华，才能确立真正意义上的信仰。确信是在可信的基础上经过信仰主体的甄别、考察排除质疑的基础上形成的一种内心确认，是信仰主体对信仰客体在情感和意志上的深化，是连接可信与坚信的中间环节。确信代表信仰主体的一种积极意识状态，由确信到坚信的升华依赖于信仰主体的实践，信仰作为“一种精神活动，其中，为了实践的目的，人们愿意信任那些有价值的、值得欲求的信仰，尽管它们还没有被证明为真实的，同时坚信这种虔诚的态度会促使它们在行为上得到证实”[③]。信仰主体在具体行为实践中能够切实体悟到信仰客体的价值意义，这种价值意义的体悟，会进一步促使信仰主体认同和深化对客体的信仰，使信仰更加坚定。

横向结构的理性与非理性、相信与怀疑是从认识论意义上的分类。其中，理性与非理性是指信仰主体对信仰客体是否进行理性的、

① 赵志毅、蔡卫东：《论信仰的结构、本质及其对德育的意义》，《南京师大学报》（社会科学版）2000 年第 1 期。

② 宋兴川、乐国安：《心理学视野中的信仰研究》，《云南民族大学学报》（哲学社会科学版）2006 年第 1 期。

③ ［德］布雷钦卡：《信仰、道德和教育：规范哲学的考察》，彭正梅、张坤译，华东师范大学出版社 2008 年版，第 61 页。

科学的逻辑论证而对信仰进行的区分。原始社会的图腾崇拜是一种非理性信仰，非理性信仰更多依凭的是信仰主体在直觉上的认知与采信；现代社会的马克思主义信仰是一种理性信仰，理性信仰的确立更多的是需要信仰主体进行理性的、科学的逻辑论证与推演，这种理性与非理性的区分“不能依据其对象的性质，而应当根据这种心理形式本身的特性”[①]。相信与怀疑也是信仰主体所具有的两种认识倾向，“知识指向世界之中的有限事物，信仰则指向本真存在；知识因其客观确定性势必导致无限增长的批判性怀疑，信仰则必须通过生存的力量确证自身”[②]。只有对客观世界持有怀疑精神，才能催生信仰主体创造超越意义的信仰客体，使信仰客体日趋完善、科学；信仰客体不能只是社会主体被动地接受，更多需要的是社会主体的理性与质疑，也只有怀疑精神才能使信仰主体对信仰客体的认识更加深入和坚定，“才能使信仰科学化具有主体基础”[③]，怀疑精神既创造了信仰客体又塑造了信仰主体。

关于信仰结构问题的探讨，实际上是围绕着谁在信仰（信仰主体）、信仰什么（信仰客体）以及如何信仰（信仰实践）三个基本问题展开分析的。作为信仰的承载体信仰主体的个人体验即认知、情感、意志和实践四个环节是形成信仰的核心。信仰主体对信仰客体形成一定的认知和了解是形成信仰的先决条件，而拥有理性的、科学的认知对科学信仰的形成至关重要；信仰情感表达着信仰主体

① 赵志毅、蔡卫东：《论信仰的结构、本质及其对德育的意义》，《南京师大学报》（社会科学版）2000年第1期。

② Karl Jaspers, *Philosophy* (Vol. 2), Chicago: the University of Chicago Press, 1971, p. 245.

③ 赵志毅、蔡卫东：《论信仰的结构、本质及其对德育的意义》，《南京师大学报》（社会科学版）2000年第1期。

对信仰客体的一种信任、尊重、敬畏、信奉和责任，信仰主体对信仰客体的情感依赖是形成信仰的驱动力，信仰主体对信仰客体情感强烈程度的高低与信仰体系稳定与否呈正相关；信仰主体的意志如若坚定，便具有一定的排斥力和自制力，便会自觉抵制与信仰相悖的行为实践，以信仰主体的行为实践将信仰的认知、情感和意志统一在信仰的运行系统中。

有论者将信仰客体也即信仰对象区分为："宗教的信仰对象具有超越现实的神灵性，非宗教的信仰对象则具有超越现实的理想性。"[①] 有论者区分为"信仰领袖、信仰组织、信仰经典以及与信仰相关的建筑、偶像、圣地、圣迹等"[②]。后者的区分主要为非宗教信仰，信仰客体的不同标志着信仰的差异性。宗教信仰对象包括对上帝、对鬼神、对灵魂的信仰等，非宗教信仰对象包括对科学、对道德、对政治的信仰等。有论者将信仰客体区分为"命题和物象两种形态"[③]，前者如对马克思主义、共产主义的信仰；后者如对个人、对建筑物的信仰。在信仰的结构中，信仰客体的价值意义对于信仰主体而言至关重要，信仰客体所承载的价值决定着信仰主体是否信仰该客体。

信仰实践是连接信仰主体与信仰客体的方式，"了解人真正相信什么，看他们的行为比听他们所说的话更加可靠"[④]。通过具体的行为实践表达着不同信仰主体所信奉信仰客体的差异，信仰也必定是

---

① 王宏维：《信仰危机·信仰对象·信仰方式》，《华南师范大学学报》（社会科学版）2003 年第 4 期。

② 冯天策：《论信仰的几个基本问题》，《中州学刊》2001 年第 1 期。

③ 马晓燕：《当代中国人信仰问题研究》，博士学位论文，东北师范大学，2008 年。

④ ［英］希克：《第五维度：灵魂领域的探索》，王志成、思竹译，四川人民出版社 2000 年版，第 62 页。

经由信仰主体一定信仰认知和信仰情感的驱动，通过对具体实践方式的指引，以实现信仰所承载的内在价值意义；如若信仰能够成为社会的普遍信仰，就能够引领更多的信仰主体为实现信仰的内在价值而努力践行。诚如，传统封建社会的儒家礼仪规范，其“三纲五常”之法、“忠恕”之道等理念已经内化为当时人们的行动标准并指引着社会主体的日常实践；也正是由于我国解放时期马克思主义信仰的指引才使得人们获取无产阶级革命的胜利。此外，有论者提出“信仰仪式”[①] 实践对于主体信仰生成具有特殊意义，“希腊人不是通过声明‘相信’某些神灵的誓言，而是通过崇拜某些具体神灵的仪式来确定其宗教信仰的。……仪式行为是观念的现实体现，而且作为一种实际力量发挥作用，能够巩固和强化宗教信仰。”[②] 仪式的教化功能意义体现在，通过进行仪式展演引发信仰主体对信仰客体产生内心的尊重与敬畏。不仅如此，通过信仰仪式的教化，还能促进信仰主体间形成身份认同，这会进一步深化信仰主体形成信仰文化认同。

（二）信仰的功能

有论者认为，宗教信仰具有“生存功能、整合的功能与认知的功能”[③]。其中生存功能是指信仰能使信仰主体获得精神上的慰藉与内心的安定，以克服信仰主体内心的恐惧与生活上的苦难；整合功能是指信仰作为社会主体的共同核心思想，对社会共同体具有精神引领和凝聚意义，能够促使共同体协同发力以实现共同信仰的价值；

---

① 张琳：《现代性的信仰困境与信仰塑造》，博士学位论文，复旦大学，2012 年。

② 吴晓群：《希腊思想与文化》，上海社会科学院出版社 2012 年版，第 135 页。

③ ［美］斯皮罗：《文化与人性》，徐俊等译，社会科学文献出版社 1999 年版，第 182—195 页。

认知功能是指信仰能够对人生存在的终极意义予以解答，祛除人类对未知世界的困惑与迷茫。此外，信仰还具有“塑造社会秩序的意义”[①]。有论者认为，信仰具有“情感依托功能、人生定向功能、精神动力功能”[②]。也有论者认为，信仰具有“人格塑造功能、社会控制功能和价值评价功能”[③]。“从微观的层次来看，信仰对于人生诸要素起着一种‘统摄’或‘统一’作用；从宏观社会来看，信仰在群体中的作用，主要是一种团结和凝聚的功能。”[④] 信仰表达着人们对其生存状态的一种敬畏、恐惧、遵守与信奉等情感的聚合。如在原始社会，由于人们对大自然的认识、能动和改造能力有限，自然的山洪雷雨、大火狂风、战争瘟疫等，致使人们产生了对图腾、实物等原始信仰，形成图腾崇拜、巫术崇拜和实物崇拜。信仰在人的日常活动和实践当中所具有的价值确信和定位功能，直接影响着人们考察、处理、解决事情的态度、方法和观点，作为人精神世界的核心，具有调适、规范人生的价值目标、生产生活方式和秩序的功能。

除上述讨论外，从社会学的意义而言，信仰还具有社会教化的功能。在信仰主体的社会化过程中，信仰作为一种文化对其具有内化意义。信仰“使既定的社会规范和价值神圣化，使个人愿望服从群体目标，个人冲动服从群体准则”[⑤]。使信仰主体与整个社会的利益观、价值观趋于一致，以塑造信仰主体的社会性。同时，从文化

---

① ［美］格尔茨：《文化的解释》，纳日碧力戈等译，上海人民出版社 1999 年版，第 58 页。

② 于咏华、辛世俊：《人之发展中的信仰功能》，《河南社会科学》2006 年第 4 期。

③ 荆学民：《现代信仰学导引》，中国传媒大学出版社 2012 年版，第 195—218 页。

④ 刘建军：《马克思主义信仰论》，中国人民大学出版社 1998 年版，第 147—149 页。

⑤ 金泽：《宗教禁忌研究》，社会科学文献出版社 1996 年版，第 188 页。

的社会化而言，信仰作为一种文化还具有累积和传递的功能。一种文化如能成为全社会共同遵循和信奉的信仰，必定凝聚着信仰群体的真情实感和价值承载，这种真情实感和价值承载的代际累积和历史沉淀具有文化传承之功能。再有，信仰还具有认同功能，信仰是信仰主体形成文化认同的重要因素。“社会认同指的是别人赋予某个人的属性，基本上可以表明一个人是谁的标志。同时，社会认同也将该人与具有相同属性的其他人联系起来。”[①] 共同信仰的凝聚功能会促使信仰主体形成凝聚力与向心力，会形成自觉的社会认同，多数信仰主体会“围绕一种主要的认同来组织他们生活的意义和经验的”[②]。此外，信仰仪式的展演与实践会进一步促进信仰社会认同的形成。

三　信仰的基本类型

关于信仰类型的划分，学界已有诸多有益探讨，站在不同的立场就会有不同的划分。有论者将信仰划分为“一是宗教信仰，二是非宗教信仰”[③]。宗教信仰的信仰客体具有终极意义，非宗教信仰的信仰客体不具有终极意义。有论者将宗教信仰简约划分为“宗教的或道德的信仰、传统的信仰、实用的信仰”[④] 三类，宗教或道德的信仰强调信仰主体的理性，道德乃宗教之核心，相信人性之善；传统的信仰为社会多数人的公共信仰或社会信仰，如对社会权威、文化之信仰；实用信仰强调信仰主体的计算与经验，如对事业成功、生

① ［英］吉登斯：《社会学》，赵旭东等译，北京大学出版社 2003 年版，第 27 页。
② ［英］吉登斯：《社会学》，赵旭东等译，北京大学出版社 2003 年版，第 28 页。
③ 何光沪：《秉烛隧中》，新星出版社 2014 年版，第 355 页。
④ 贺麟：《文化与人生》，商务印书馆 2015 年版，第 98—103 页。

活方便之信仰。有论者将信仰划分为“原始信仰、宗教信仰、哲学信仰”[①] 三种形态，其中，原始信仰诸如祖先、自然、图腾崇拜等，宗教信仰意指对持久、普遍的“神”的崇拜，哲学信仰强调对真理或主义的崇拜，如对儒家哲学、共产主义的信仰等。有论者将信仰区分为“有益的信仰和有害的信仰”[②] 两类，信仰依赖于个体的自我选择，有益还是有害判断，从自我还是他者的视角而言结论会有所差异。也有论者将信仰划分为“人本信仰与神本信仰”[③]，神本信仰是一神论信仰，强调通过神圣性构建宗教信仰，人本信仰是指无神、非神和多神信仰等非宗教式信仰。有论者将信仰划分为“超验性宗教信仰与近代世俗信仰，其中世俗信仰主要包括：资产阶级个人主义信仰、对某种现实力量的盲目崇拜、共产主义信仰或马克思主义信仰”[④]。并专门讨论了“道德信仰、政治信仰和哲学信仰”[⑤] 三种非宗教信仰。有论者认为，“政治信仰、哲学信仰、社会信仰，我国近代以来的三民主义和共产主义信仰，西方的人本主义与科学主义信仰以及法律主义信仰”[⑥] 都属于世俗信仰。

有论者依据信仰的表现形式将信仰划分为“感性形式与理性形式”[⑦] 的信仰，感性形式的信仰诸如对鬼神迷信、权力崇拜的信仰，理性形式的信仰诸如对终极性宗教、先进的理论和主义信仰。有论

---

① 冯天策：《略论信仰本体的起源、分类和本质》，《东岳论丛》2007 年第 1 期。

② 黄明理：《社会主义道德信仰研究》，人民出版社 2006 年版，第 42 页。

③ 李向平：《信仰社会学研究要义——兼论信仰如何成为中国问题》，《江海学刊》2013 年第 5 期。

④ 刘建军：《马克思主义信仰论》，中国人民大学出版社 1998 年版。

⑤ 刘建军：《试论三种非宗教的信仰形式》，《中国人民大学学报》1999 年第 3 期。

⑥ 李素菊：《青年信仰与宗教文化》，东方出版社 2009 年版，第 24—29 页。

⑦ 徐秦法：《社会治理中的信仰价值研究》，光明日报出版社 2012 年版，第 38 页。

者将信仰区分为“科学信仰和伪信仰”[①]，科学信仰如对社会主义、马克思主义的信仰，伪信仰如对反社会和反人类的邪教的信仰。依据信仰群体范围的不同，信仰可以划分为个人信仰、集体信仰或社会信仰，前者强调的信仰主体是个人，后者强调信仰的主体是群体。依据不同的学科划分如社会学与人类学、政治学、哲学、法学等所关涉或侧重的则是民间信仰、政治信仰、道德伦理信仰以及法律（法治）信仰问题。从信仰的文化特征来看，信仰可以划分为“宗教信仰、道德信仰、政治信仰”[②]。关于信仰类型的划分可谓仁者见仁智者见智，研究视角和取向的差异，对信仰这种复杂的精神或文化现象的划分也难以有通用的标准。不同分类之间并非完全互斥甚至有交叉，比如世俗信仰中的马克思主义信仰可能是个人的信仰，也可能是集体的或社会的信仰；再比如世俗信仰中的对现实力量的盲目崇拜是感性形式的信仰，对共产主义的信仰则是理性形式的信仰，对信仰的分类“实是一繁难而重大的课题”[③]。任何一种信仰都是人类独有的文化现象和精神现象，本书将从文化功能的意义上将信仰的主要类型，宗教信仰、道德信仰和政治信仰进行简要分析和阐释。其中宗教信仰是人类心灵的涤荡，具有终极关怀意义；道德信仰强调底线、向善与道义，具有内在规范意义；政治信仰强调秩序、公正与权利，具有外在规范意义。

宗教信仰是“人终极地关切着那么一种东西，决定着人的终极

---

① 朱霖：《当代中国农民信仰问题研究》，博士学位论文，西南财经大学，2011 年。

② 王晶：《社会转型期中国农民信仰问题研究》，博士学位论文，东北师范大学，2004 年。

③ 贺麟：《文化与人生》，商务印书馆 2015 年版，第 98 页。

命运，超越了一切初级的偶然与必然”[①]，强调人生的终极关怀意义。其信仰对象是“超自然的神灵、神学理论和宗教教义，它关注彼岸世界，极力在彼岸世界寻求人生的价值、精神的超越和‘终极关怀’”[②]。宗教信仰由人类最初内心恐惧的渴望转向现今心灵上的涤荡，宗教信仰的形成源自于人类内心的需求。宗教信仰强调信仰主体的绝对信奉、崇拜与敬畏不得背叛，“人们是从与他们经常用到的或经常遭受到的痛苦的事物的紧密联系中开始产生宗教情感，就像人们之间紧密联系一样，是自发的，没有思考，没有最低程度的怀疑”[③]。“宗教是人存在的意义，是一种情感，是人类的活动，是共同价值体系，是一种行为准则。”[④] 通过神意的方式调整人类世俗生活规范，给人以精神上的抚慰、心灵上的安适，既强调了宗教信仰的终极关怀，又突出了宗教信仰的社会整合功能，还反映了宗教信仰的行动规范意义。信仰主体依据宗教信仰终极价值的引领与指示，规范、约束信仰主体的生活方式和行为实践，从而丰富、发展、完善和超越自我。对于信仰主体而言，宗教信仰强调的是信仰主体的获得感和终极关怀价值的实现，本质上强调的是依赖、是信仰，宗教只是信仰的载体而已，“信仰是比宗教更本质的东西”[⑤]。终极性意义的价值关怀是宗教信仰与其他信仰的本质区别，离开了神灵的意义限定，宗教信仰的“宗教”或许会依然存在，但是，其终极关

---

① Paul Tillich, *Systematic Theology*, Ⅱ, Chicago, The University of Chicago Press, 1967, p. 14.

② 罗中枢：《论信、信念、信仰、宗教信仰的特征及意义》，《宗教学研究》2007 年第 2 期。

③ ［法］迪尔凯姆：《迪尔凯姆论宗教》，周秋良等译，华夏出版社 2000 年版，第 25 页。

④ 李向平等：《当代美国宗教社会学理论研究》，中西书局 2015 年版，第 70 页。

⑤ 荆学民：《现代信仰学导引》，中国传媒大学出版社 2012 年版，第 38 页。

怀的价值意义却缺失了。

道德信仰是“我在一切方面必须与道德律相合之一事，乃绝对必然者。此处目的坚强确立，就我所能有之洞察，‘此种目的能由以与其他一切目的联结，因而具有实践的效力之条件’，仅有一种可能的条件，即有‘神’及有‘未来世界’是也。我又确知无一人能知引达‘此种在道德律下之目的统一’之任何其他条件。以道德的训条同时即我之格率（理性命令其应如是者）故我必信有神及来生之存在，且确信绝无动摇此种信仰之事物，盖以我之道德律将由动摇信念而颠覆，我若不成为自身所深恶痛疾之人，则不能废弃此等道德律”[①]。意指道德信仰的客体即道德律，需要被坚定的信奉。道德信仰是信仰主体意志自由与理性的产物，道德信仰的实现需要确立道德律的权威以达至至善。有论者认为，道德信仰是“对人生和人性的信仰，相信人生之有意义，相信人性之善；对于良心或道德法律的信仰，相信道德法律的效准、权威和尊严……在某种意义下，道德的信仰即是宗教的信仰”[②]。其实质是强调将道德的价值引领蕴含在宗教信仰之中，道德是宗教信仰的基础，而宗教维护“道德权威”[③]，使信仰主体形成对道德信仰的自觉。有论者认为，道德信仰是基于“对道德理想及其价值依据的笃信和奉行”。[④]。与宗教信仰一样，道德信仰成为信仰的一种类型划分。有论者认为，道德信仰是“对某种道德目标及其理论的信服和崇拜”[⑤]。强调道德信仰脱离于宗教，成为信仰主体独立的信仰对象。有论者认为，道德信仰是

① ［德］康德：《纯粹理性批判》，蓝公武译，中国画报出版社 2016 年版，第 476 页。

② 贺麟：《文化与人生》，商务印书馆 2015 年版，第 98 页。

③ 任建东：《宗教信仰与道德自觉》，《中国宗教》2007 年第 8 期。

④ 魏长领：《论道德信仰及其功能》，《道德与文明》2003 年第 6 期。

⑤ 李德顺：《价值学大词典》，中国人民大学出版社 1995 年版，第 90 页。

“一个生成的完整范畴，‘道德’是其基础，信仰是其‘着力点’”[①]。强调信仰是道德信仰形成的形而上学基础，信仰的终极目标是道德的最高境界与宗旨。关于道德信仰的诸多讨论，其核心意义在于强调道德规范对信仰主体的规范意义和引导意义。实际上，道德信仰作用的发挥主要靠信仰主体内心的自律。与宗教信仰比较而言，道德信仰的稳定性相对较弱。因此，唯有被信仰主体真正接受、内化才会形成坚信和行动的自觉，才能真正称为道德。“相信德福终可合一，相信善人终可战胜恶人，相信公理必能战胜强权等，均属道德信仰。”[②] 道德信仰的主要功能在于调整人际、人与社会之间的关系，强调合理的利己。道德信仰的最高目的并非仅仅在于对现时态的考量，而是指向“人类社会的应然规范世界”[③]，强调对未来的超越性意义的精神追求，以达至对信仰主体规范、引导和激励。道德信仰的形成来源于现实的社会生活，考察道德信仰的具体实际价值，需要基于信仰主体的行为实践予以确认。

政治信仰包含“对政治主义的信仰、对于政府或政党的政纲政策的信仰和对于政治领袖人格的信仰”[④]，该概念指明了政治信仰的三种对象。有论者认为，政治信仰有两种理解，“第一，一个人认为自己归属于哪一个政治共同体的辨识活动。第二，一个人对于自己所属的政治共同体的期待，甚至是对自己所希望的政治共同体的选择”[⑤]。强调的是信仰主体的认同性、自主性与选择性。有论者认为，

---

① 荆学民：《道德信仰及其当代意义》，《求是学刊》2007 年第 1 期。

② 贺麟：《文化与人生》，商务印书馆 2015 年版，第 98 页。

③ 刘雪松：《公民文化与法治秩序》，中国社会科学出版社 2007 年版，第 225 页。

④ 贺麟：《文化与人生》，商务印书馆 2015 年版，第 103 页。

⑤ 曹欢欢、王匡夫、蔡昊：《政治信仰：概念与相关问题》，《思想教育研究》2014 年第 11 期。

政治信仰是“人们对某种政治体系、理论学说及相应政治理想的认同、信服和敬仰……本质上是一种社会关怀和人类关怀”[①]。政治信仰对于信仰主体个人而言具有个体关怀之意，对于整体社会而言则具有形成社会秩序之意。有论者认为，政治信仰是“特定社会和国家的人们在对某种社会政治体系及其理论学说认同、信服和敬仰的基础上，进而奉为自己言行准则并身体力行的精神体系”[②]。强调信仰主体对政治体系、理论学说等信仰对象的信奉。有论者认为，政治信仰是“对现存政治体系，尤其是对政治理论、政治制度和政治价值接受或信奉的心理”[③]。是从心理学的意义上强调信仰主体对政治信仰的态度和感情。有论者认为，“政治信仰就是在政治系统运行过程中，对社会价值分配的权威的合法性的信仰，合法性是构成政治信仰的核心概念”[④]。强调政治系统在具体的实施与运行环节拥有权威性与合法性，才能得到信仰主体的尊重和信奉，突出信仰主体对政治体系的归属感与认同感。

与宗教信仰比较而言，政治信仰是世俗信仰不具有超验性，政治信仰的最终目的在于实现人的全面发展，宗教信仰的最终目的在于灵魂的救赎。基于东西方传统的差异，西方社会的政治信仰更多地需要宗教信仰的支持，而东方的宗教信仰则更多地需要政治信仰的支持。与道德信仰比较而言，政治信仰更多强调的是公共秩序，调整的是社会领域；道德信仰更多的是调整私人领域，道德信仰是政治信仰的内在支撑，其功能的有效发挥依赖政治信仰的有效支持。

---

① 荆学民、施惠玲：《马克思政治信仰的逻辑演进》，《哲学研究》2010 年第 9 期。

② 井中雪：《论政治信仰》，《山西师大学报》（社会科学版）2005 年第 5 期。

③ 马振清：《当代政治社会基本理论》，九州出版社 2017 年版，第 94 页。

④ 王宏强：《从合法性信仰到政治信仰——马克斯·韦伯与戴维·伊斯顿合法性信仰理论比较》，《理论与现代化》2006 年第 5 期。

有论者认为，我国的政治信仰呈现“宏观、中观和微观”[①] 三个体系。宏观指中国特色社会主义与共产主义，即党和人民的奋斗目标。“中国特色社会主义信仰是马克思主义的共产主义政治信仰在当代中国政治生活中的具体表现形态”[②]，“最本质特征就在于它蕴涵着社会理想并致力于人的境况的改善”[③]。中观即指革命和建设的价值观，如社会主义核心价值观、为人民服务理念。微观则指涉及具体民生问题的政策、纲领等。政治信仰的形成，一方面源自于政治体系对信仰主体外在的强制规范意义，另一方面需要信仰主体的具体实践获得利益感受。二者的双向互动不仅能保证政治体系的顺畅运行，还能使信仰主体形成政治情感与政治依赖，进一步促使信仰主体的政治信仰越发坚定。

第二节　法治信仰的基本理论

研究法治信仰，首先需要对法治信仰这一基础概念进行界定和厘清，这是分析和讨论法治信仰的基础和前提。目前来看，有关法治信仰研究的文献很少，分析法治信仰概念的研究则更少。因此，在已有研究的基础上，深入探讨法治信仰的基本概念和特征则很有必要。

---

① 关海庭：《当代中国的政治信仰与政治发展》，《新视野》2016 年第 5 期。

② 王亿、王志刚：《论中国特色社会主义政治信仰的基础》，《长白学刊》2018 年第 5 期。

③ 荆学民、施惠玲：《马克思政治信仰的逻辑演进》，《哲学研究》2010 年第 9 期。

一　法治信仰的概念界定

有论者认为，“法治的精神意蕴在于信仰，一种宗教般虔诚而真挚的对法的信仰”[①]。认为信仰主体应当像敬重、信奉宗教信仰一样追求“法”的终极价值。有论者认为，法治信仰是“坚信法律之中蕴藏着人类的最高价值，坚信法律能够保护那些被人类视为目的的价值，坚信法是人类走向真、善、美的桥梁，坚信法能够解决社会的前途和人类的命运。就社会而言，它意味着充分调动各种情感、智慧、意志和力量去为法治而奋斗；就个体而言，它意味着主体的一种人生态度”[②]。该概念从终极关怀意义上讨论信仰“法律”的价值，强调信仰法治是信仰主体的应有情感和态度，分析实现法治的目标价值需要共同体的行为实践。有论者认为，法治信仰“是认同、尊敬、依赖法治，赋予其神圣性并将其奉为最高行动原则的一种思想。简言之，就是社会达成法律具有至高无上权威的共识”[③]。认同、尊敬和依赖表达了信仰主体的一种态度情感，同时，信仰主体的行为实践须以法治的核心价值作为指引，强调只有树立法律至高无上的权威，才能促使信仰主体信仰法治。有论者认为，“法律信仰蕴含了法治的工具理性与价值追求，法律信仰的培育同时也是法律规则内化为社会成员的法习惯的过程，也意味着法治的价值理想的实现”[④]。该概念本身将法律信仰与法治信仰等同，其实质是强调信仰“法律”成为实现法治的工具与主导。

---

① 姚建宗：《信仰：法治的精神意蕴》，《吉林大学社会科学学报》1997 年第 2 期。

② 唐日新等：《国民素质论》，中南工业大学出版社 1998 年版，第 410 页。

③ 周志非：《关于法治信仰的思考》，《理论前沿》1999 年第 19 期。

④ 阎海燕：《试论法治信仰》，《理论探索》2001 年第 4 期。

有论者认为，“法治信仰是发自内心的、自觉自愿地认同良法、信赖良法，遵守和捍卫良法，维护良法的权威。法治作为一种信仰，要求全社会的公民对法治敬仰、推崇和遵从，把法治精神渗透到国家和社会的方方面面，各个阶层群体的法治观念不断增强，从内心深处得到真正的认同”①。其观点重点在于强调：一方面，只有信仰主体内心认同法治才会信仰法治；另一方面，法治信仰中信仰主体所信赖、敬重之法律是良法，维护的是良法的权威。有论者认为，“法治信仰是公众对法治的知、情、意的有机统一，一定意义上，法治信仰就是公众对法治的情感体验（依附感、神圣感）”②。其观点的核心在于强调情感体验是法治信仰形成的关键，突出信仰主体的特殊情感和态度对法治信仰形成所具有的重要意义。有论者认为，“法治信仰的本质是对法律的正义维护价值和法治的正义实现功能的一种坚定不移的信任与始终不渝的追求”③。其核心在于强调对法治信仰所承载和体现的终极价值“正义”的维护、信奉与追求。法治信仰的核心要义在于，既要强调信仰主体对法治的认同、尊敬和依赖形成法治情感，又要强调所遵从、信赖、信奉的法律为良法。更为重要的是社会共同体要形成法律具有至高权威的共识，将其作为行动的指导原则。

与法治信仰相关的概念，主要有法律信任、法律信用和法律信仰。从心理学的视角而言，由法律信任到法律信用再到法律信仰的层层递进，体现的是社会成员对法律相信程度和状态的逐步稳固和

① 权麟春：《在文化认同的视域中培育法治信仰》，《学习论坛》2016 年第 2 期。

② 周军虎、何祥林：《法治信仰的培育研究》，《理论月刊》2017 年第 2 期。

③ 魏长领、宋随军：《全面从严治党与法治信仰的培育——学习党的十八届六中全会精神》，《郑州大学学报》（哲学社会科学版）2017 年第 1 期。

坚定。法律信任“是指社会主体在与法律的交往过程中以及理性主体在法律的中介之下，基于一种承认法律天生局限性的共识，仍然愿意选择法律作为调控其参与的社会关系的手段。只要法律按既定的规则和程序运行，都愿意承担由此而带来的有利或不利后果，都不会因追求自己的暂时利益而损害法律的权威性”[①]。与此观点相似，法律信任的研究多是以作为实在法的法律不具有被信仰的品质为基础而展开的讨论，[②] 认为法律信仰实乃西方话语不适用中国的语境。比较而言，法律信任更符合我国的社会现实。有论者提出，法律信任是指“社会成员基于法律制度公正性的前提条件，在对法律运行规则的内容以及法律规则运行的有效性获得充分了解的基础上，对于法律制度产生的信心，相信法律能够按其预测发生效力，并且相信其他社会成员也与其有相同的预测，从而自觉地将其自身资源置于法律控制之下，自愿接受法律作为调整其社会关系的一种社会行为”[③]。与此观点相似，有论者提出，法律信任是“社会理性主体以认同法律制度公正性为前提，在对现行法律制度运行规则、内容充分了解、熟悉基础上形成的对法律制度相信、托付、期待和支持的一种法律心理现象，并且在这种心理的支配下相信其他社会成员也与其持有相同的心理，从而自愿接受法律作为调整其社会关系的一

---

① 马新福、杨清望：《法律信任初论》，《河北法学》2006 年第 8 期。

② 李勇：《当前中国的法律信任及其养成》，《东岳论丛》2009 年第 8 期；郭哲、刘琛：《法律信任在中国——以比较的视角》，《学术论坛》2010 年第 1 期；姜起民、解维升：《法律信仰命题质疑与法律信任生成的路径选择》，《中国海洋大学学报》（社会科学版）2012 年第 5 期；郭春镇：《从“神话”到“鸡汤”——论转型期中国法律信任的建构》，《法律科学》（西北政法大学学报）2014 年第 3 期。

③ 欧运祥：《法律的信任：法理型权威的道德基础》，法律出版社 2010 年版，第 110 页。

种主观态度和行为”[①]。二者均强调法律信任的前提是法律所具有的公正性，比较而言，后者更为强调社会成员的主观态度与心理。有论者认为，上述概念过于烦琐，在分析法律信任的主体——社会成员和信任客体——法律系统（主要包括法律制度、法律机构、法律人与法律过程四个层面）基础上，提出“法律信任是指社会主体对法律系统的信赖和信心”[②]，强调法律信任是基于信任主体的内心预期与心态。

关于法律信用，有论者提出：“一方面是法律对社会关系所做的具有必行性和普遍约束性的规则安排；另一方面是法律运行时对社会关系按规则安排之要求所做的调整；与上述两方面紧密相关的是如果法律所肯定的社会关系和秩序受到冲击和破坏则按法定的必然状态强制恢复。……分别称其为立法信用、法律运行信用和法律保障信用。”[③] 其概念主要是从信用的客体法律及其运行的角度讨论法律如何被信用，但是，该概念缺少对法律信用主体的界定。有论者认为，法律信用是“法律严格遵守其所明示的、确定的规则和内容，以它对公平和正义的理性追求和坚定实践所赢得的社会主体对它的信任”[④]。并认为法律信用要从立法到法律实施等诸多环节，即整体意义上进行考量，法律信用的产生基于社会主体对法律坚定的信任。有论者认为，法律信用包括两个方面：“一是在普遍意义上，指社会成员所具有的法律意识、法制精神及法律信仰程度；二是在法律明示的权利和义务的具体规定中，人们对法律义务及具有法律效力的

---

① 房书君等：《法律信任及其在当代中国的建构》，《东北师大学报》（哲学社会科学版）2016 年第 1 期。

② 张善根：《法律信任论》，中国法制出版社 2018 年版，第 57 页。

③ 谢晖、丁放：《论法律信用》，《学习与探索》1998 年第 4 期。

④ 魏吉华：《论法律信用》，《政治与法律》2000 年第 4 期。

合同、契约的履行状况。"[①] 该概念直指法律信用作为一种法律意识或精神反映着信用主体对法律的确信或信仰程度。有论者认为，"法律信用强调的是法律作为具有合理性的规则通过自身的'言行一致''童叟无欺'和'令行禁止'来赢得人们内心的确信"[②]，强调应以法律规则应有的品质与实行来赢得信用以获取社会主体内心的确信。法律信任是法律信用形成的基础与前提，"信用是将信任'注入'到社会制度之中，出现了'信任的法治化'，将二者自然联系起来。这时，较之于信任，信用的'理性化'程度更高"[③]。

从法律信仰的形成机制来看，法律信任、法律信用与法律信仰构成了一个连续统。法律信任是法律信用和法律信仰的前提基础，法律信任表达着信任主体内心的一种期待、一种信赖和一种信用的可能；法律信用是对法律信任程度的一种比较、考察、识别与评估，而不仅仅是一种依赖和期待，更多的是基于理性对法律公正及其价值的一种肯定，是连接法律信任和法律信仰的桥梁。法律信仰与法律信用比较而言，"法律信用是法律信仰的前提，法律如果没有信用，人们便不会相信、尊重法律，更不会用法律来规范自己的行为，也就不会有法律信仰"[④]。法律信仰对法律信任、法律信用具有引领和统摄的意涵。法律信仰论者的核心观点是将实在法的法律作为信仰的客体，强调信仰主体对实在法的认同与信奉，突出对实在法背后价值的追求。

法治信仰与法律信仰比较，法律信仰是法治信仰的必要条件或

---

① 王淑芹：《论法律信用与道德信用的特性》，《道德与文明》2003 年第 5 期。

② 蔡宝刚：《论法律信用与和谐社会——以"煤官撤资令"为例的分析》，《法学》2005 年第 11 期。

③ 王若磊：《信用、法治与现代经济增长的制度基础》，《中国法学》2019 年第 2 期。

④ 魏吉华：《论法律信用》，《政治与法律》2000 年第 4 期。

基础，法治信仰天然包含了法律信仰，其内涵更丰富，外延更广。第一，法治信仰更多的是强调对立法、执法、司法以及守法等法治实施环节即“治”的信仰，而不仅仅局限于对实在法的信仰。第二，仅就概念而言，法律信仰客体的法律不仅有着自然法与实在法之分，还有着良法与恶法之分。由法律信仰转向法治信仰破除了中国不具有西方意义上的宗教传统和自然法传统的芥蒂，这种芥蒂也是法律信仰支持论与法律信仰摒弃论争议的焦点，“‘法治信仰’的提法更符合中国的国情现状”[①]。同时，法治信仰倡导的必然是良法之治，引领“法律信仰”之法必须是良法。第三，法治信仰更多的是指社会取向，强调的是对公共秩序的维护，其信仰主体不仅仅是作为个体的社会成员，更多的则是公权力主体对法治及其所蕴含的价值的信仰与追求；法律信仰则更多的是指个体取向，强调的是个体对法律的认同、遵从与信奉，更多的是指社会成员自身对法律及其所承载的价值意义的追求与信奉。第四，既然法律信仰更多的是个体取向，法律信仰对“法”之信仰更多的是静态意义层面，凸显的是“法”对信仰主体的规范意义与强制意义。对于多数信仰主体而言，法律信仰强调的是社会主体对法律的一种真情实感，凸显的是信仰主体内心对法律的尊重与依赖以及信仰主体的行为实践对法律规范的遵从；法治信仰更多的是强调实践指向，法治信仰对“治”的信仰更多的是动态意义层面，凸显的是法治实施对信仰主体的示范意义与激励意义。法治信仰的核心价值不仅仅是强调信仰主体对法治所承载的内在价值的信仰，更强调社会成员依法治的精神引领去追求法治、践行法治，不仅要实现法治的治理秩序，更要通过法治来

---

① 张永和、孟庆涛：《法治信仰形成路径探析》，《人民论坛》2013 年第 14 期。

实现和保障社会主体的合法权利。

二　法治信仰的基本特征

首先，法治信仰是理性与非理性的统一。法治信仰是世俗信仰，其理性因素意指信仰主体对法治的尊重、信奉与追求是建立在一定逻辑分析和理性推理基础之上的。“马克思主义、社会主义与共产主义”[①] 是党和人民的政治信仰，马克思主义信仰是我国政治信仰的核心。“在中国社会占主导地位的信仰和价值体系中，从以儒家道德为核心的道德信仰到以马克思主义信仰为核心的政治信仰，是历史的选择，人民的选择。”[②] “对马克思主义的信仰，是中国革命胜利的一种精神动力。”[③] 中国共产党以马克思主义为指导，马克思主义的宗旨是为了实现社会主义和共产主义，最根本的是为了实现人的全面自由发展。“习近平新时代中国特色社会主义思想，充满着对马克思主义的坚定信仰。”[④] “党的领导是中国特色社会主义最本质的特征，是社会主义法治最根本的保证。”[⑤] 坚持和发展中国特色社会主义要“永远把人民对美好生活的向往作为奋斗目标”[⑥]，“全面依法治国是坚持和发展中国特色社会主义的本质要求和重要保障，事关

① 王晶：《社会转型期中国农民信仰问题研究》，博士学位论文，东北师范大学，2004 年。

② 杨振闻：《坚定政治信仰：社会主义核心价值体系建设的核心命题》，《湖南社会科学》2008 年第 3 期。

③ 《邓小平文选》（第 3 卷），人民出版社 1993 年版，第 63 页。

④ 中共中央宣传部编：《习近平新时代中国特色社会主义思想学习纲要》，学习出版社、人民出版社 2019 年版，第 10 页。

⑤ 中共中央文献研究室编：《习近平关于全面依法治国论述摘编》，中央文献出版社 2015 年版，第 27 页。

⑥ 中共中央宣传部编：《习近平新时代中国特色社会主义思想学习纲要》，学习出版社、人民出版社 2019 年版，第 40 页。

我们党执政兴国，事关人民幸福安康，事关党和国家事业发展。”[①]“要坚持人民主体地位，坚持法治为了人民、依靠人民、造福人民、保护人民。”[②]

可见，信仰法治的目的——实现和保护人民利益，与马克思主义信仰的宗旨——实现人的全面自由宗旨二者高度一致，法治信仰与马克思主义信仰一脉相承属于我国政治信仰的范畴。法治信仰是党经过科学的理性逻辑推理而提出的，法治信仰为实现社会主义和共产主义注入中国元素，是马克思主义信仰体系的重要一环。诚然，法治信仰是理性的，但也具有非理性的成分。法治信仰强调信仰主体对法治的遵从、依赖、信奉和追求，凸显的是信仰主体对法治的一种内心体验，具有非理性因素。唯有信仰主体对法治信仰的信奉形成自觉、形成真情实感，才会在日常实践中真正维护法治、坚守法治、信仰法治。

其次，法治信仰是经验性与超验性的统一。“全面推进依法治国，是深刻总结我国社会主义法治建设成功经验和深刻教训作出的重大抉择。”[③] 法治信仰的提出是基于我国的现实国情和实践经验总结出来的，信仰作为人类的精神文化现象，其产生是社会实践的产物。“纵观世界近现代史，凡是顺利实现现代化的国家，没有一个不是较好解决了法治和人治问题的。”[④] 我国法治建设的成功经验与深

---

① 中共中央宣传部编：《习近平新时代中国特色社会主义思想学习纲要》，学习出版社、人民出版社 2019 年版，第 95 页。

② 中共中央宣传部编：《习近平新时代中国特色社会主义思想学习纲要》，学习出版社、人民出版社 2019 年版，第 99 页。

③ 中共中央文献研究室编：《习近平关于全面依法治国论述摘编》，中央文献出版社 2015 年版，第 8 页。

④ 中共中央文献研究室编：《习近平关于全面依法治国论述摘编》，中央文献出版社 2015 年版，第 12 页。

刻教训对于信仰主体而言，具有直接的影响和借鉴意义。在具体的社会实践中，社会成员通常根据自己的实践经验去体悟信仰客体法治的价值，并依据实际的价值体验选择是否信仰法治。因此，法治信仰具有经验性的特征。同时，法治信仰还具有超验性的特征，这种超验性不仅体现在实践经验的局限性层面，还体现在不同信仰主体认知的差异性和有限性层面。法治信仰的提出是党的自我超越，全社会法治信仰的形成更是社会成员对自我的超越。这种超越意义体现在，信仰法治其核心是"为了实现和保护好人民利益"的价值关怀意义，法治信仰是社会成员依据法治实践的经验和教训，对信仰客体法治所具有的终极价值形成的断定与认同。

再次，法治信仰是工具性和目的性的统一。从国家的角度而言，"经验和教训使我们党深刻认识到，法治是治国理政不可或缺的重要手段"①。法治信仰是一种功利性信仰，法治是实现国家治理秩序的工具和手段。其要义在于通过法律规范及法治的实施引导人们的日常行为实践，调整、分配和保障人们的利益关系，"加强人权法治保障，保证人民依法享有广泛权利和自由"②。从个体的角度而言，选择法治、信仰法治是因为法治能够实现个人权利的合法享有，当个人权利受损时能够得到有效救济，法治能够促进人权更好地发展，能够实现民生福祉的增进。可见，法治信仰具有工具性的价值特征。法治确有实现和保障社会成员权利与自由的工具价值，但是，社会成员对法治的选择与追求不仅仅是为了其个人利益的实现，突出的是社会成员在

---

① 中共中央文献研究室编：《习近平关于全面依法治国论述摘编》，中央文献出版社2015年版，第8页。

② 中共中央宣传部编：《习近平新时代中国特色社会主义思想学习纲要》，学习出版社、人民出版社2019年版，第99页。

具体的法治实践过程中实现对自我的超越，强调的是社会成员为追求和实现法治价值所做出的牺牲和付出。“保护人民权益，这是法治的根本目的。”[①] 体现的是社会整体利益或公共利益的价值实现。

最后，法治信仰是科学性与实践性的统一。法治信仰具有理性的特征，以马克思主义信仰为内在理据和支撑，是其具有科学性特征的内在保障。党领导人民以马克思列宁主义为指引已载入宪法，“中国共产党是一贯重视理论指导和勇于进行理论创新的马克思主义政党”[②]，“依法治国是我们党提出来的，把依法治国上升为党领导人民治理国家的基本方略也是我们党提出来的，而且党一直带领人民在实践中推进依法治国”[③]。可见，法治信仰具有科学性的属性和特征。“马克思列宁主义并没有结束真理，而是在实践中不断地开辟认识真理的道路。”[④] 马克思主义本身具有实践性的品质，因此，法治信仰作为马克思主义信仰体系的一环，也同样具有实践性的属性和特征。“人应该在实践中证明自己思维的真理性，即自己思维的现实性和力量，自己思维的此岸性。”[⑤] 也即法治信仰的科学性与真理性，需要信仰主体在具体的法治实践中，对法治的实际效果进行体悟、检验与评估。即法治的实施是否“依法”而行，法治能否切实实现和保障人民的合法权益，增进人民的福祉。如此，法治信仰便具有接受社会主体实践检验的特征。

---

① 中共中央文献研究室编：《习近平关于全面依法治国论述摘编》，中央文献出版社2015年版，第125页。

② 中共中央宣传部编：《习近平新时代中国特色社会主义思想学习纲要》，学习出版社、人民出版社2019年版，第5页。

③ 中共中央文献研究室编：《习近平关于全面依法治国论述摘编》，中央文献出版社2015年版，第27页。

④ 《毛泽东选集》（第1卷），人民出版社1991年版，第296页。

⑤ 《马克思恩格斯选集》（第1卷），人民出版社2012年版，第138页。

第二章　法治信仰的结构与功能

结构功能主义既是法治信仰理论建构的框架，又是进行具体分析的工具。“结构即系统内部各要素相互联系和作用的方式或秩序，功能是指系统与外部环境相互联系和作用过程的秩序和能力。”[①] 美国社会学家塔尔科特·帕森斯是结构功能主义的集大成者，他区分了具体行动系统或体系结构性成分的最低限度为“目的、手段、条件和规范”[②]。其中行动系统中的规范性成分（目的与规范）、条件性成分（手段与条件）“存在着一种紧张状态”[③]，强调行动的过程“实际上就是将各种条件成分向着与规范一致的方向改变的过程”[④]。法治信仰的形成作为一种行动系统，其中法治既是目的又是规范，是实现法治治理秩序的必要手段。行动系统结构功能理论的重点是促进秩序的形成与社会的稳定，在于强调目的性与规范性成分的实现。现实中由于不同信仰主体能力的差异性，其法治实施与践行的效果也会有所不同，不同层级的法治主体之间以及法治主体与客体

① 付子堂：《法律功能论》，中国政法大学出版社 1999 年版，第 15 页。
② ［美］帕森斯：《社会行动的结构》，张明德等译，译林出版社 2012 年版，第 827 页。
③ ［美］帕森斯：《社会行动的结构》，张明德等译，译林出版社 2012 年版，第 827 页。
④ ［美］帕森斯：《社会行动的结构》，张明德等译，译林出版社 2012 年版，第 827 页。

法治之间必然存在着结构性的张力。帕森斯的结构功能理论具有二重性，既强调个人所内化的规范价值给社会成员的行为实践提供了一种需求倾向，又强调规范的价值为社会整合提供了共识，更多的是强调规范共识的功能与作用。

帕森斯的学生默顿延续了帕森斯的思想脉络，提出了对事项的功能分析，认为“功能就是观察到的那些有助于一定系统之调试的后果”[①]。既要考察分析事项对其所在的社会系统或文化系统的正功能，还要考察削弱系统调试的非功能后果；既要分析有助于系统调试以及系统运行参与者所认可和期待的显功能，又要分析有损于系统调试以及系统运行参与者反对和忧虑的潜功能，当然还要注意对“后果与所考察的系统完全不相关”[②] 的非功能的分析。文化结构与社会结构是其结构功能主义的重要概念，“文化结构是指普遍适用于某一特定社会或群体之成员的指导行为的规范性价值标准。社会结构是指一整套把这一社会或群体之成员以各种各样的方式联系在一起的社会关系”[③]。社会结构或文化结构理论中两种具有直接重要性的成分是，“第一种成分由受文化限定的目标、目的及兴趣组成；是全体成员会广泛分布于社会各界成员所持的合法目标。……第二个成分规定、适应并控制着实现这些目标可以接受的方式”[④]。并认为“只要遵从两种文化制约的个体感到满意，即实现目标后的满意和直

---

① ［美］默顿：《社会理论和社会结构》，唐少杰、齐心等译，译林出版社 2015 年版，第 152—153 页。

② ［美］默顿：《社会理论和社会结构》，唐少杰、齐心等译，译林出版社 2015 年版，第 152 页。

③ ［美］默顿：《社会理论和社会结构》，唐少杰、齐心等译，译林出版社 2015 年版，第 303 页。

④ ［美］默顿：《社会理论和社会结构》，唐少杰、齐心等译，译林出版社 2015 年版，第 262 页。

接通过制度化管道为达成目标而奋斗的方式感到满意，社会结构这两方面之间的有效平衡就会得到保持。”[①] 行为异常或失范的出现，是由于“文化确定的意愿与由社会结构提供的实现这种意愿的途径之间所存在的分离状态”[②]。文化结构的瓦解是社会失范问题产生的原因之一，特别是“当文化规范和目标与社会结构赋予此群体成员实现这些目标的能力严重脱节时”[③]。也即法治或法治信仰所要达到的目标是可期待的，但是，社会成员如若缺少实现法治目标的渠道与途径，就必然会在国家推动的法治与社会成员的需求之间形成冷漠、疏离与紧张。法治信仰决定和影响社会成员追求法治的目标，依靠信仰法治作为价值引领和以法治作为实现方式目的相协调，也即文化目标性规范与制度目标性规范相统一，才能更好地实现法治的终极价值。因此，为了更好地分析和探讨法治信仰形成的困境及其建构路径，了解和分析法治信仰的结构要素及其相应功能，便具有重要的工具意义和价值意义。

第一节　法治信仰的结构分析

“结构”一词，早期应用在建筑学领域，是指“一个建筑物构

---

① ［美］默顿：《社会理论和社会结构》，唐少杰、齐心等译，译林出版社2015年版，第264页。

② Robert K. Merton, “Social Structure and Anomie”, *American Sociological Review*, Vol. 3, 1938, pp. 672 –682.

③ ［美］默顿：《社会理论和社会结构》，唐少杰、齐心等译，译林出版社2015年版，第303页。

成元素之间的内部安排、成分或组织。”[①] “一方面，从结构与元素的角度来说，结构是元素之间的特定关系；另一方面，从结构与总体的关系来说，构成某个特定结构的特定元素不直接影响总体，而是在与结构内的其他元素相互作用后，通过相互作用的结果来影响总体。”[②] 简单而言，讨论法治信仰结构，就是分析法治信仰的构成要素问题。法治信仰的结构具体可以分为内在结构和外在结构，内在结构是讨论法治信仰的所属范畴，外在结构则是分析法治信仰的主体与客体。

一 法治信仰的内在结构

法治信仰作为人类独有的精神现象，归属于法律意识范畴体系。有论者认为，“法律意识是人们关于法律现象的思想、观点、知识和心理的总和，是社会意识的一种特殊形式”[③]。法律意识，由处于低级阶段的法律心理和高级阶段的法律思想体系构成。前者主要是处于低级阶段对法律现象直观的感性认识，后者主要是处于高级阶段对法律思想、观点以及学说等系统化的理性认识。有论者认为，“法律意识是一种特殊的社会意识体系，是社会主体对社会法的现象的主观把握方式，是人们对法的理性、情感、意志和信念等各种心理要素的有机综合体”[④]。并从意识主体对法律现象的主观把握和由表及里的不同层次两种角度，[⑤] 分别将法律意识划分为由“法律知识、法律理想、法律情感、法律意志、法律评价和法律信仰”组成的横

① 杜玉华：《社会结构：一个概念的再考评》，《社会科学》2013 年第 8 期。

② 高鹏程：《试论结构的概念》，《学术交流》2010 年第 2 期。

③ 孙国华：《法学基础理论》，天津人民出版社 1988 年版，第 204 页。

④ 刘旺洪：《法律意识论》，博士学位论文，中国人民大学，2000 年。

⑤ 刘旺洪：《法律意识论》，博士学位论文，中国人民大学，2000 年。

向结构和由“法律心理、法律观念和法律意识形态”组成的纵深结构。有论者认为，“法律意识是社会意识的一种，是指人们在一定的历史条件下，对现行法律和法律现象的心理体验、价值评价等各种意识现象的总称。”① “法律意识可分为法律心理、法律思想体系和法律观念。”② 法律心理为人们自发的、不系统的感性认识，属于法律意识的低级阶段；法律思想体系是人们体系化的理性认识，属于法律意识的高级阶段；法律观念则介于二者之间，既有感性的、零散的对法律现象的认识，也有一定的理性的、系统的对法律现象的认识。其中，关于法律意识高级阶段的法律思想体系划分，与前者作为高级阶段法律意识的法律意识形态划分语义相同。

由法律心理到法律观念再到法律思想体系或者法律意识形态阶段，表明法律意识由表及里并逐渐定型化的过程。“法律意识也可视作法律观念（ideas）、信仰、价值观以及对法律的态度之集合体……可以被视作表现在某种法律体系之中并决定该法律体系特点的价值观因素和其他观念因素的集合。”③ 法律思想体系或法律意识形态“必须是一种有较大影响的‘观念体系’，是对一定社会阶级阶层利益或愿望定型化的理论表达”④。法律思想体系或法律意识形态作为对法律现象的理性认识，作为高级阶段的法律意识，承载着价值观、信仰、态度的集合体，以及一定社会阶级阶层利益或愿望的定型化表达。法律意识“本身亦处于不断变化之中”⑤，法律思想体系或法

① 付子堂：《法理学初阶》（第五版），法律出版社 2015 年版，第 159 页。

② 付子堂：《法理学初阶》（第五版），法律出版社 2015 年版，第 160 页。

③ ［英］罗杰・科特威尔：《法律文化的概念——以 L. M. 弗里德曼相关研究为参照》，周赟译，《山东大学学报》（哲学社会科学版）2005 年第 3 期。

④ 喻中：《法律文化视野中的权力》，山东人民出版社 2004 年版，第 243 页。

⑤ 李步云、刘士平：《论法与法律意识》，《法学研究》2003 年第 4 期。

律意识形态理应顺应我国的现实国情与法治实践赋予新的内涵。于是，出现了法律信仰是“一种高级形态的法意识和法理念”[①] 的论断，“强调公民要养成法治社会和遵守法治所必需的法律意识”[②]。前文曾对法律信仰与法治信仰作出辨析，法治信仰的实现需要以法律信仰为前提和基础，法律信仰的形成更需要以法治信仰作为引领。因此，法律意识应是由低级阶段的法律心理到中间阶段的法律观念，再到高级阶段的法律信仰直至最高阶段法治信仰的由表及里、由浅入深的定型化表达，法治信仰是法律思想体系或法律意识形态中的最高层次。

二 法治信仰的外在结构

（一）法治信仰的主体

法治信仰的主体，即分析哪些人应该信仰法治，解决谁是接受者问题。党的十九大报告指出：“人民有信仰，国家有力量，民族有希望。”[③] 毋庸置疑，法治信仰的受众天然应该包括全体社会成员，所有社会成员都应该坚定地信仰法治。从法治中国建设或者说全面依法治国的推进意义而言，法治信仰的主体可以分为领导干部“关键少数人”“法律人”和“社会公众”由上而下三个层级。其中，领导干部“关键少数人”和“法律人”拥有坚定的法治信仰，对“社会公众”法治信仰的形成具有示范意义和传递意义。反之，则具

① 冯彦君：《关于“法律信仰”的遐思与追问》，《东北师大学报》（哲学社会科学版）2015 年第 5 期。

② 王利明：《迈向法治：从法律体系到法治体系》，中国人民大学出版社 2015 年版，第 192 页。

③ 习近平：《决胜全面建成小康社会 夺取新时代中国特色社会主义伟大胜利》，人民出版社 2017 年版，第 42 页。

有破坏甚至是摧毁意义。

首先，是领导干部“关键少数人”。“全面依法治国，必须抓住领导干部这个‘关键少数’。”[①] 这一重要表述和论断，对领导干部须率先信仰法治提出要求，充分说明领导干部这一信仰主体在法治建设过程中的重要性。领导干部“关键少数人”是法治的推动者与践行者，“党领导立法、保证执法、支持司法、带头守法，主要是通过各级领导干部的具体行动和工作来体现、来实现”[②]。领导干部“关键少数人”必须对信仰法治形成高度的自觉，信仰法治、坚守法治、运用法治、维护法治是其职责所在义不容辞。领导干部“关键少数人”信仰法治，对于增进“法律人”和“社会公众”的法治信仰功能不可小觑。领导干部“关键少数人”信仰人治不信仰法治，不仅会冲击人民群众对法治的信心，更有损党和国家的权威与形象。

其次，是法律人，也称为法律职业共同体。有论者认为，法律人“是由法官、检察官、律师、法学学者所构成”[③]。“他们基本上主持着法律的运作和循环，是法治理念和法律精神的主要载体。”[④] 其中，法官、检察官、律师三种是“法律职业体系的核心区域”[⑤]，“其素质的高低，直接关系到法治的实现程度”[⑥]。有论者认为，应当基于与法律相关而不仅仅是拘泥于法律职业，对法律职业共同体

---

① 中共中央文献研究室编：《习近平关于全面依法治国论述摘编》，中央文献出版社2015年版，第118页。

② 中共中央文献研究室编：《习近平关于全面依法治国论述摘编》，中央文献出版社2015年版，第120页。

③ 张文显、卢学英：《法律职业共同体引论》，《法制与社会发展》2002年第6期。

④ 张文显、卢学英：《法律职业共同体引论》，《法制与社会发展》2002年第6期。

⑤ 公丕潜、杜宴林：《法治中国视域下法律职业共同体的建构》，《北方论丛》2015年第6期。

⑥ 李政：《提高法律人职业素质的制度保障》，《华东政法学院学报》2006年第4期。

进行划分。主张以法律实践为基准将法律职业共同体划分成由内而外三圈，包括："内圈是司法人，其从事与法律的核心空间'法庭'相关的活动，主要指法官、检察官、律师；中圈是辅助司法人员，其辅助司法，缓解社会矛盾、化解社会纠纷，如书记员、公证员、仲裁员、司法行政人员等；外圈是立法机关和行政机关的相关人员，这一类人，他们也要实践法律。"[①] 比较而言，该划分更为周延。"立法、执法、司法这三支队伍既有共性又有个性，都十分重要。"[②] 法律人作为信仰主体其核心要义在于应当在其拥有共同的法治知识和法治思维基础上，进一步升华为"更高级的共同的理念、共同的价值追求甚至共同的信仰（即对于法治的信仰）"[③]。法治社会化、大众化，生活法治化的前提，是社会公众对法律的信任。其中，对"法律人的信任则是关键"[④]。现实意义而言，社会公众如果与法律发生关联，距离他们最近的是法律人而并非是领导干部"关键少数人"。同样，如若法律人对法治信仰不坚定甚至是背离法治，社会公众不仅会丧失对法律人的信任，更会怀疑法律的合法性基础、整个法治运行体系的权威效用。这无益于社会公众信仰法治，对法治中国的建设与推进会起到阻滞作用。

最后，是社会公众。"人民是依法治国的主体和力量源泉。"[⑤]

---

① 刘作翔、刘振宇：《对法律职业共同体的认识和理解——兼论中国式法律职业共同体的角色隐喻及其现状》，《法学杂志》2013 年第 4 期。

② 中共中央文献研究室编：《习近平关于全面依法治国论述摘编》，中央文献出版社 2015 年版，第 103 页。

③ 刘作翔、刘振宇：《对法律职业共同体的认识和理解——兼论中国式法律职业共同体的角色隐喻及其现状》，《法学杂志》2013 年第 4 期。

④ 张善根、李峰：《关于社会公众对法律人信任的探析——以对上海市社会公众的法律人信任调查为基础》，《法商研究》2012 年第 4 期。

⑤ 中共中央宣传部编：《习近平新时代中国特色社会主义思想学习纲要》，学习出版社、人民出版社 2019 年版，第 98 页。

推动法治中国建设和落实全面依法治国，不仅仅是领导干部“关键少数人”和“法律人”的职责，也是社会公众的分内职责。社会公众作为法治信仰主体，主要体现在两个方面：一方面，“全面推进依法治国，必须坚持全民守法”[①]。强调社会公众对法治的遵从，以助益于法治社会化和法治大众化的实现。另一方面，依法治国作为党领导人民治理国家的方略，就要突出人民当家作主，强调社会公众的法治参与和法治实践，展现人民的法治主体性。社会公众只有在实践中依靠法治、寻求法治、参与法治，才能够捍卫和实现自己的合法权利；也只有社会公众在法治参与和法治实践中切实感受到法治带来的利益价值，才会自觉地维护法律权威，形成崇尚法治的风尚，主动抵制违法行为、追求和信仰法治。

（二）法治信仰的客体

探讨法治信仰的客体或者对象，浅层意指信仰主体遵从或者信仰什么样的法治，深层意指信仰主体为什么要遵从或信仰如此法治。“中国特色社会主义法治道路，是社会主义法治建设成就和经验的集中体现，是建设社会主义法治国家的唯一正确道路。”[②] 因此，法治信仰的客体必然是中国特色社会主义法治。法治是人类的精神文明创造，“法治的精髓和要旨对于各国国家治理和社会治理具有普遍意义，我们要学习借鉴世界上优秀的法治文明成果。”[③] 与此同时，“走什么样的法治道路、建设什么样的法治体系，是由一个国家的基

① 中共中央宣传部编：《习近平新时代中国特色社会主义思想学习纲要》，学习出版社、人民出版社 2019 年版，第 87 页。

② 中共中央宣传部编：《习近平新时代中国特色社会主义思想学习纲要》，学习出版社、人民出版社 2019 年版，第 98 页。

③ 中共中央文献研究室编：《习近平关于全面依法治国论述摘编》，中央文献出版社 2015 年版，第 32 页。

本国情决定的。”[①]

在西方，法治通常意指法律之治，法治的概念更是多维多义，“很难发现一个符合全世界发展需求的完美的‘法治’定义。”[②] 一般来讲，古希腊时期亚里士多德的“已成立的法律获得普遍的服从，而大家所服从的法律又应该本身是制定得良好的法律”[③]，堪称法治概念的经典。这一概念对法治信仰的重要意义在于：一是，强调要制定良法、科学立法，这是实现依法治国的前提；二是，强调要遵守和信仰法律，纵然所制定的法律为良法，如若社会成员普遍不遵从、不信奉，法治也难以成为现实。只是，这一概念缺少对良法如何具体运行和实施予以阐释和分析。

古罗马时期开启了“法治优于人治”的法治底色，“作为一项历史成就，西方的法治概念是以罗马法和诺曼法的历史文本为基础的”[④]。法律的权威性与神圣性对古罗马的影响较为深远，受法律统治成为该时期所有人都要接受和遵循的治理准则与理念。“官吏是会说话的法律，而法律是沉默的官吏。”[⑤] 法治优于人治的基本理念在中世纪时期得以践行，法律信仰更是在此时期得以稳固和发展。法律与宗教因上帝的神圣性与自然法的超越性天然合一，“强调的是一种来自人以外的超越性力量的统治”[⑥]。教会和世俗政体的权威要受到法律权威的限制，“如若法律还在有效期内，那么在实践推理中就

---

① 《习近平谈治国理政》（第2卷），外文出版社2017年版，第117页。

② 付子堂：《实质法治：中国法治发展之进路》，《学术交流》2015年第3期。

③ ［古希腊］亚里士多德：《政治学》，吴寿彭译，商务印书馆1965年版，第202页。

④ 夏勇：《法理讲义——关于法律的道理与学问》（上），北京大学出版社2010年版，第379页。

⑤ ［古罗马］西塞罗：《国家篇　法律篇》，沈书平、苏力译，商务印书馆2011年版，第226页。

⑥ 刘杨：《法治的概念策略》，《法学研究》2012年第6期。

具有规范和指导的权威意义，这种权威独立于法律并与法律相连的强制力，是一种确保执行和服从的权威力量。”[①]“对教会权威的限制，尤其是来自世俗政治体的限制和教会内部特别是教会政府的特定机构对教会权威的限制，培育出了某种超出法治国意义的依法治理（rule by law）的东西。”[②] 法律不但对人们的行为实践具有指导和规范作用，而且具有超越意义的法律，能够确保法律得到遵守和有效实施。法律在国家的统治中具有至高权威，世俗的政治体制要受到法律的约束，体现出法治观念的进一步深化与发展。

西方近代意义的法治概念，是伴随着资本主义的发展得以确立和完成的。“正是西方公平正义现代法律制度，才促成资本主义制度的不断完善”[③]。法治的内涵是在资产阶级反封建的斗争实践中得以丰富和深化的，主要体现为形式法治与实质法治两类基本法治概念。形式法治的概念，强调法治的工具价值、形式正义与法律权威。典型代表如，约瑟夫·拉兹提出的法治八项原则：“法律必须是可预期的、公开的和明确的；法律必须是相对稳定的；必须在公开的、稳定的、明确的而又一般的规则的指导下制定特别法；必须保障司法独立；必须遵守自然正义原则；法院应对政府其他部门的行为享有审查权；进法院打官司应当容易；刑事执法机构的自由裁量权不得歪曲法律。”[④] 同时认为，“不能将它与民主、平等（法律或其他面

---

① Pietro Costa, *The Rule of Law: A Historical Introduction* , in Pietro Costa, Danilo Zolo (ed.), The The Rule of Law: History, Theory and Criticism, Springer, 2007, Chapter 2, p. 260.

② ［美］伯尔曼：《法律与革命——西方法律传统的形成》，贺卫方等译，中国大百科全书出版社1993年版，第259页。

③ 何勤华等：《法律文化三人谈》，北京大学出版社2010年版，第123页。

④ Joseph Raz, *The Authority of Law: Essays on Law and Morality*, Oxford: Clarendon Press, 1979, pp. 211 – 213.

前的平等)、人权(尊重人或尊重人的尊严)等价值相混淆。一种根植于否定人权、普遍贫穷、种族隔离、性别歧视以及宗教迫害的非民主性法律体系，在总体上可能比任何更为开明的西方民主法治体系更符合法治的要求。"[①] 他认为法治的核心在于，强调法律能够对社会成员具有指引功能和社会成员要服从法律的统治两个方面。突出的是法治的强制性，但缺少对法治的道德性或价值性的考量。

实质法治是基于形式法治概念而提出的，二者并不相悖。"实质法治吸收了形式法治的必要条件"[②]，其本身"包含着形式正义的理性因素以及实质正义的正当性追求，如果连最基本的形式正义都不具备的话，实质法治根本不成其为法治"[③]。除具有形式法治的强制性或权威性品质之外，实质法治突出的是法治的有效性。哈贝马斯提出在民主商谈的基础上进行立法，商谈对于社会成员而言体现的并非强制意义，强调的是社会成员作为主体的参与权利，体现的是"程序的合理性与论证理由的可接受性"[④]。要使社会成员"出于对法律的尊重而遵守法律"[⑤]，强调通过法律、程序正义实现社会的自由、公平与正义等基本价值。与此前法治概念比较而言，近代西方法治的观念更为体系化、明确化。形式法治与实质法治两种法治观念体现出，要求法律遵循自然正义的价值理念，还要求法律要具备

---

① ［英］拉兹:《法律的权威》，朱峰译，法律出版社 2005 年版，第 184 页。

② Brian Z. Tamanaha, *On the rule of law*: *History*, *Politics*, *Theory*, Cambridge University Press, 2004, p. 92.

③ 江必新:《严格依法办事：经由形式正义的实质法治观》，《法学研究》2013 年第 6 期。

④ 高鸿钧:《走向交往理性的政治哲学和法学理论（下）——哈贝马斯的民主法治思想及对中国的借鉴意义》，《政法论坛》2008 年第 6 期。

⑤ ［德］哈贝马斯:《在事实与规范之间：关于法律和民主法治国的商谈理论》，童世骏译，生活·读书·新知三联书店 2003 年版，第 484 页。

稳定性、确定性、可预期、公开性等属性，也要求法律对国家公权力予以规制和限制，法律要具有可接触性和可接受性等，这些形式性特征是社会成员理解和把握法治、进行法治实践和检验法治的标准。此外，形式法治和实质法治还体现出法治要具有程序正义，强调法治的价值实现等实质性特征。概而言之，上述两种法治观念构成了西方法治的总体样貌。

中国古代并没有西方意义上的法治，但是，却有着丰富的法治思想。古代的诸如，“垂法而治”（《商君书·壹言》）、“任法而治”（《商君书·慎法》）、“以法治国”（《管子·明法》）、“治民无常，唯以法治”（《韩非子·心度》）等法治思想，是“从治国方略”[①]的角度提出的。其本质是为了维护封建帝王统治，是掌权者进行治理的工具，是一种礼治或人治。中国古代法治思想主要体现在：首先，是中国古代的“法”与“刑”通用。如“法，刑也。”（《说文》）“法者，刑罚也，所以禁强暴也。”（《盐铁论·诏圣》）但是，诸如“墨罪五百，劓罪五百，宫罪五百，弑罪五百”（《周礼·司刑》）这种强调对平民严刑峻法的法治思想和理念，与现代意义上的法治理念是相悖的。其次，是儒家的“德主刑辅”思想。如“道之以政，齐之以刑，民免而无耻；道之以德，齐之以礼，有耻且格。”（《论语·为政》）“刑者，德之辅也。”（《春秋繁露·天辨在人》）强调通过德治或礼治的教化功能进行国家治理，儒家的“礼”治或“德”治，其实质强调的是一种身份的不平等。如“人各有偶，色类须同，良贱既殊，何宜配合?”[②]突出上下有别、等级有序，强调

① 付子堂：《法理学初阶》（第五版），法律出版社 2015 年版，第 210 页。
② 瞿同祖：《中国法律与中国社会》，商务印书馆 2017 年版，第 199 页。

身份的不平等，其终极目的是维护封建统治阶级的统治。诚然，无论是法家还是儒家的法治思想，都与现代的法治理念格格不入。但是，法家将法看成是“度量行为的尺度”[①]，强调法律的规范意义；儒家的“德主刑辅”强调德治的治理秩序，对于推进法治中国建设而言有着重要的借鉴价值和启示意义。

“中国的法治建设进程与西方式的民主化是不同的”[②]，“我国法治建设的成就，大大小小可以列举出十几条、几十条，但归结起来就是开辟了中国特色社会主义法治道路这一条”[③]。中华人民共和国成立之初，1954 年 6 月，毛泽东曾在讨论宪法草案时指出：“全国人民每一个人都实行，特别是国家机关工作人员要带头实行。”[④] 1954 年 9 月，新中国第一部宪法颁布，“初步奠定了社会主义法治的基础”[⑤]。1956 年 9 月，党的八大提出“国家必须根据需要，逐步地系统地制定完备的法律。一切国家机关和国家工作人员必须严格遵守国家的法律，使人民的民主权利充分地受到国家的保护”[⑥]。同时，董必武在会上提出“依法办事，是我们进一步加强人民民主法制的中心环节”[⑦]。充分说明了有法可依、有法必依和保障民权，对于社会主义法治建设而言所具有的重要性。八大之

---

① 梁治平：《寻求自然秩序中的和谐：中国传统法律文化研究》，商务印书馆 2013 年版，第 56 页。

② Eri W. Orts. , *Rule of Law in China*, 34Vand. J. Transnat1. L, 2001, p. 43.

③ 中共中央文献研究室编：《习近平关于全面依法治国论述摘编》，中央文献出版社 2015 年版，第 26 页。

④ 《毛泽东文集》（第 6 卷），人民出版社 1999 年版，第 328 页。

⑤ 李林：《不断拓展中国特色社会主义法治道路》，《人民日报》2019 年 7 月 18 日第 9 版。

⑥ 中共中央文献研究室编：《建国以来重要文献选编》（第九册），中央文献出版社 1994 年版，第 350 页。

⑦ 《董必武政治法律文集》，法律出版社 1986 年版，第 474 页。

后，党的指导思想发生“左”的错误逐渐不重视法制，尤其是“文化大革命”十年内乱，致使我国的民主法制建设遭到严重的破坏。

改革开放伊始，1978年12月13日邓小平在中央工作会议上提出：“为了保障人民民主，必须加强法制。必须使民主制度化、法律化，使这种制度和法律不因领导人的改变而改变，不因领导人的看法和注意力的改变而改变……做到有法可依，有法必依，执法必严，违法必究。”[①] 从中国法治建设的历程而言，该民主法制思想强调法律比权力大，倡导一种法律秩序的建立具有里程碑式的重要意义。随后，党的十一届三中全会召开，法制建设的十六字方针“有法可依、有法必依、执法必严、违法必究”在公报中得以正式明确，充分肯定了邓小平的民主法制思想，社会主义法治建设再次步入正轨。1979年9月，中共中央发出《关于坚决保证刑法、刑事诉讼法切实实施的指示》文件，指出“刑法、刑事诉讼法同全国人民每天的切身利害有密切关系，它们能否严格执行，是衡量我国是否实行社会主义法治的主要标志”[②]。在党的文件中“第一次使用了‘社会主义法治’一词”[③]，充分体现了在推进社会主义法治建设过程中，“党的领导”所起的重要作用。此后，社会主义法治步入历史建设的新时期。1996年2月8日江泽民在中共中央举办的领导同志法制讲座总结讲话中，首次提出依法治国是“管理国家和社会事务的重要方针”[④]；1997年9月，党的十五大明确“依法治国，建设社会主义法

① 《邓小平文选》（第2卷），人民出版社1994年版，第146—147页。

② 全国人大常委会办公厅、中共中央文献研究室编：《人民代表大会制度重要选编》，中国民主法制出版社2015年版，第459页。

③ 沈国明等：《全面推进依法治国》，上海人民出版社2015年版，第27页。

④ 《江泽民文选》（第1卷），人民出版社2006年版，第511页。

治国家”作为党领导人民治理国家的基本方略；1999年3月，第九届全国人大二次会议将“实行依法治国”载入《宪法》；2002年11月，党的十六大提出“要把坚持党的领导、人民当家作主和依法治国有机统一”，丰富了社会主义法治国家建设的科学内涵，并进一步强调依法治国是党领导人民治国理政的基本方略；2007年10月，党的十七大提出“全面落实依法治国基本方略，加快建设社会主义法治国家”，进一步明确我国社会主义法治建设的目标，开启中国特色社会主义法治道路的新征程。

党的十八大以来，中国特色社会主义法治道路步入快车道。2012年11月，党的十八大将法治作为“治国理政的基本方式”①。强调要“全面推进依法治国”、“实现国家各项工作法治化”、“维护国家法制统一、尊严、权威，保证人民依法享有广泛权利和自由”。既强调全面依法治国方略须全面落实，又强调要加强人权的法治保障，还强调要捍卫国家法制的权威与统一。2013年11月，党的十八届三中全会通过《中共中央关于全面深化改革若干重大问题的决定》，将“推进法治中国建设”予以专章论述，强调“必须坚持依法治国、依法执政、依法行政共同推进，坚持法治国家、法治政府、法治社会一体建设”。2014年10月，党的十八届四中全会通过《中共中央关于全面推进依法治国若干重大问题的决定》，提出党的领导“是社会主义法治最根本的保证”，并对全面推进依法治国的总目标、法律体系完善、法律实施、法治工作队伍建设以及党领导全面依法治国作出通盘部署，强调了走中国特色社会主义法治道路的坚定性与自觉性。2017年10月，党的十九大强调“全面依法治国是中国特

---

① 《胡锦涛文选》（第3卷），人民出版社2016年版，第634页。

色社会主义的本质要求和重要保障。必须把党的领导贯彻落实到依法治国全过程和各方面，坚定不移走中国特色社会主义法治道路。”“要坚持对中国特色社会主义法治道路的自信。”① 从新中国法治建设的正反两方面经验来看，对中国特色社会主义法治道路的追寻与坚持，是党领导人民对国家治理方式的正确抉择，唯有对中国特色社会主义法治道路的坚信，才能将全面依法治国落实到各方面、全过程。坚定不移地走中国特色社会主义法治道路，得益于党和人民对法治的坚守、得益于党和人民对法治的信仰；法治信仰不仅是立法、执法、司法、守法的精神引领，更是坚定中国特色社会主义法治道路的灵魂指引。

“社会主义法治是对历史上有关法治思想和理论的延续和发展。它是中国共产党在综合马克思主义经典作家的法律理论的基础上，结合我国国情，依据社会主义的本质，从党领导人民执政治国的历史使命角度，对法治思想的发展和创新。”② 与西方法治比较，中国特色社会主义法治的特质在于：第一，西方法治的理论渊源来自自然正义与社会契约等自然法理论，具有宗教的超越性基础；中国特色社会主义法治理论渊源来自马克思主义，来自马克思主义与中国具体国情实际相结合所形成的毛泽东思想、邓小平理论、“三个代表”重要思想、科学发展观和习近平新时代中国特色社会主义思想组成的社会主义理论体系。第二，“党的领导是中国特色社会主义法治之魂，是我们的法治同西方资本主义国家的法治最大的区别。”③

① 徐显明：《坚定不移走中国特色社会主义法治道路》，《法学研究》2014 年第 6 期。

② 孙国华：《社会主义法治论》，法律出版社 2002 年版，第 149 页。

③ 中共中央宣传部、中央全面依法治国委员会办公室编：《习近平法治思想学习纲要》，人民出版社、学习出版社 2021 年版，第 13 页。

“坚持党的领导，不是一句空的口号，必须具体体现在党领导立法、保证执法、支持司法、带头守法上”[①]。西方的法治则是“建立在多党制和三权分立的基础上”[②]。通过对社会主义法治道路的回溯可以得出，只有坚持中国共产党的领导，才能厉行法治、坚守法治、维护法治、实现法治，才能切实推进社会主义法治中国建设。第三，社会主义制度“是我们的制度优势，也是中国特色社会主义法治区别于资本主义法治的根本所在”[③]。人民在推进依法治国中的主体地位，由中国特色社会主义制度加以确认和保障，“坚持人民主体地位，必须坚持法治为了人民、依靠人民、造福人民、保护人民”[④]。其根本目的在于尊重人权和保障人权，实现人权保障的法治化。西方的法治也保护个人权益，也强调法律面前人人平等，但其本质是“维护和完善资本主义制度的法治”[⑤]。

对“信仰客体——中国特色社会主义法治”的理解与把握，离不开对法治概念的精髓与要旨进行追溯，也需要结合我国的现实国情和法治建设的经验与成就加以综合解读和分析。中国社会主义法治既要挖掘和传承中华法律文化精华，又要充分学习借鉴世界上优秀的法治文明成果。中国特色社会主义法治，“不仅仅是一种形而上的价值追求，或者程序化的规则训诫，它更是一种特定时空背景下

---

① 中共中央文献研究室编：《习近平关于全面依法治国论述摘编》，中央文献出版社2015年版，第28页。

② 李林：《新时代坚定不移走中国特色社会主义法治道路》，《中国法学》2019年第3期。

③ 中共中央文献研究室编：《习近平关于全面依法治国论述摘编》，中央文献出版社2015年版，第28页。

④ 中共中央文献研究室编：《习近平关于全面依法治国论述摘编》，中央文献出版社2015年版，第29页。

⑤ 汪亭友：《中国特色社会主义法治道路的核心要义》，《求是》2014年第23期。

的社会实践"[①]。作为"信仰客体——中国特色社会主义法治"，不仅包含了对法律的信仰，也包含了对法治实施的信仰，还包含了对法治所承载的公平、正义、秩序、人权等内在价值的信仰；从对中国特色社会主义法治道路的追寻和坚持意义而言，更应该包括对法治中国的信仰。

第二节　法治信仰的功能意义

"结构同功能是一种辩证的相互关系；一方面，一个系统的结构决定这个系统的功能；另一方面，结构本身就是'凝结的功能'，也就是说，结构是在功能影响下形成的。"[②] 法治信仰作为一个系统，其功能的有效发挥要依赖法治信仰自身结构即信仰主体与信仰客体的互构，也即只有法治与社会成员之间的互动才能真正促成法治信仰功能的实现。"一种社会事实的功能应该永远到它与某一社会目的的关系之中去寻找"[③]，功能主义更多的是强调规范对社会协调和社会秩序的价值意义，凸显的是规范的整合性特质。社会成员之所以信仰法治，是因为通过法治的实施能够维护和保障主体的合法利益享有。只有这种价值利益实现，才会促进更多的社会主体选择法治、崇尚法治、信仰法治。如此，法治信仰对于信仰主体而言不仅具有规范引领之意，还具有凝聚法治共识的功能。法治作为一种文化、

---

① 付子堂、常安：《民生法治论》，《中国法学》2009 年第 6 期。

② 吕世伦、公丕祥：《现代理论法学原理》，安徽大学出版社 1996 年版，第 89 页。

③ ［法］迪尔凯姆：《社会学方法的准则》，狄玉明译，商务印书馆 2009 年版，第 122 页。

作为社会成员的共同信仰，对于信仰主体而言还具有文化控制功能。这种文化控制会促进信仰主体遵循法治，进而达到社会秩序优化的功能。同时，信仰主体拥有法治信仰还具有提升司法公信和树立法律权威的功能。一方面，"法律人"信仰法治会保障和促进执法司法的公正实施，执法司法的公正实施会进一步促进司法公信的产生；另一方面，司法公信又是法治信仰的基础，只有司法具有公信力，信仰主体才会信任法治进而信仰法治，也只有信仰法治才会树立起法律在信仰主体内心的权威。

一 价值认同的基础功能

法治信仰作为一种社会信仰其重要的价值在于，增进社会成员之间形成"我相信你和我一样相信这条规范/这部法律应该被遵守"① 的基本价值共识。社会成员通过法治所带来的具体利益价值的切身体悟，才会促使其信任、信赖以达至信仰法治。法治价值认同的形成不仅仅源自法治作为工具的理性，更为重要的是法治所具有的价值理性。"法治不仅是工具，不仅是我们实现社会理想目标的必要手段，更具有不可替代的内在价值。"② 中国特色社会主义法治的内在价值，由"和谐有序、公平正义、人民幸福"③ 构成。其中，和谐有序、公平正义和人民幸福分别体现出法治的基础价值、核心价值和终极价值。作为信仰客体的中国特色社会主义法治，其目的就在于保障信仰主体依法享有广泛的权

---

① 李锦辉：《规范与认同：制度法律理论研究》，山东人民出版社 2011 年版，第 205 页。

② 张文显：《发挥法治在弘扬核心价值观中的独特作用》，《人民日报》2019 年 7 月 23 日第 17 版。

③ 程新平：《法治价值共识论》，博士学位论文，西南政法大学，2018 年。

利和自由，在于切实增进人民的民生福祉，在于为人民谋幸福这一终极价值的实现。中国特色社会主义法治“是一种认同规则的共同意识的建构过程，法治归根到底是一种塑造共同体精神的事业”[①]。也正是在中国特色社会主义法治道路践行的过程中，这种共同体精神——法治信仰得以塑造形成；反过来，这种法治核心观念或者说法治信仰的形成会进一步凝聚、固化、深化信仰主体的法治价值认同。

二　规范教化的秩序功能

“文明是人类力量不断的更加完善的发展，是人类对外在的或物质自然界和对人类目前能加以控制的内在的或人类本性的最大限度的控制。”[②] 法治信仰作为一种人的精神文明或者文化具有文化控制力，对信仰主体具有规范和教化功能。一方面，法治对信仰主体具有强制规范意义。信仰主体须严格遵循法律规范进行行为实践，属于外在控制。法律规范设定信仰主体的权利与义务具有国家强制性，如有违背则会受到相应的惩处。法治乃“规范之王”[③]，信仰法治能够引导信仰主体遵守法律规范、认同和践行法治，能“使大多数社会成员循规蹈矩、不敢越雷池一步”[④]。另一方面，法治对信仰主体具有教化功能。当法治成为信仰主体成长所属的一种社会文化或社会信仰时，那么“社群的信仰便已是他的信仰，社群的戒律便已是

---

① 李锦辉：《规范与认同：制度法律理论研究》，山东人民出版社 2011 年版，第 206 页。

② ［美］庞德：《通过法律的社会控制》，沈宗灵译，商务印书馆 2010 年版，第 10 页。

③ Donald R. Kelly, *The Human Measure: Social Thought in the Western Legal Tradition*, Cambridge Mass: Harvard University Press, 1990, p. 283.

④ 金泽：《宗教禁忌研究》，社会科学文献出版社 1996 年版，第 188 页。

他的戒律”[①]。在信仰主体社会化的过程中，法治信仰对信仰主体具有文化型塑功能，这种文化型塑属于内在控制。能够使信仰主体在耳濡目染的环境下形成对法治的真情实感，自觉地遵从、依赖并信奉法治。法治信仰的累积、在代际和代内的传递和承继，得益于信仰主体的社会化。法治是“一种较优的治理社会的方式”[②]，“法治秩序作为现代社会的典型秩序形态，体现和表征人类社会秩序的高级样态和基本取向”[③]。法治信仰能够促使信仰主体遵守法律，就必然会形成一种法治治理秩序，法治秩序的形成既离不开法律规范的强制力量，更离不开法治信仰的内在有效支撑。外在控制终究要通过内在控制才能真正发挥作用，才能真正促进信仰主体增进对法治和法治治理秩序的认同。信仰主体一旦形成法治信仰，便会在具体的实践中维护、厉行、坚守法治，确保法治治理秩序的形成以实现社会秩序的优化。

三 司法公信的促进功能

“司法公信力是社会公众对国家司法权力实施过程及效果的信任与尊重”[④]，表达着社会公众“认同的心理态度和信仰程度”[⑤]。执法司法不公情况的发生不仅会引发社会公众不尊重、不信任法治，甚至会影响社会公众法治信仰的形成。“司法是社会公平正义

① ［美］本尼迪克特：《文化模式》，王炜等译，社会科学文献出版社 2009 年版，第 2 页。

② 郑戈：《法律与现代人的命运：马克斯·韦伯法律思想研究导论》，法律出版社 2006 年版，第 43 页。

③ 杨春福：《论法治秩序》，《法学评论》2011 年第 6 期。

④ 高铭暄、陈璐：《略论司法公信力的历史沿革与实现途径》，《法学杂志》2010 年第 7 期。

⑤ 龚廷泰、何晶：《司法公信力与良性司法》，《江海学刊》2009 年第 2 期。

的最后一道防线，司法人员必须信仰法律、坚守法治。”[①] 在现实社会中，社会成员因互助合作而组成社会。为了实现利益最大化，不同主体之间难免会发生冲突与纠纷，而冲突与纠纷的正当解决与处理、权利与义务的合理配置就需要司法权力的介入，为了防止司法权力的滥用，就需要“法律人”信仰法治。“法律人”只有信仰法治才会更好地实施法治，才能公正执法司法；也只有“法律人”公正地实施法治，才能真正维护好、实现好社会公众的合法权益，真正地体现执法司法为民，才会真正促进司法公信的形成。因此，“法律人”信仰法治、公正裁判不仅会有助于提升司法公信力，进而会增进社会公众对法治的信仰。“树立司法公信力是为了增强人们对司法的信仰”[②]，只有形成司法公信，社会公众在遭遇冲突与纠纷时才会亲近法治、选择法治、信任法治，才会相信法治是定分止争的最优途径进而信仰法治。可见，司法公信是培育法治信仰的重要基础，“法律人”拥有法治信仰，会引导其依法执法、严格执法、公正司法，而这会进一步促进社会公众司法公信的产生与形成。

四　法律权威的根基功能

司法公信产生的前提是信仰主体基于对良法的信任和信仰，法律如非良法社会公众自然不会信任和信仰。同时，良法具有权威是主体信仰法治的基础，司法公信是树立法律权威的前提，司法如果

① 中共中央文献研究室编：《习近平关于全面依法治国论述摘编》，中央文献出版社2015年版，第104页。

② 关玫：《司法公信力初论——概念、类型与特征》，《法制与社会发展》2005年第4期。

没有公信力，法律的权威自然也无从谈起。“在司法不能引起普遍服从和尊重的社会中，法律权威也就必然归于虚幻。”[①] “法律要发挥作用，首先全社会要信仰法律。”[②] “人民权益要靠法律保障，法律权威要靠人民维护。”[③] 因此，法治信仰是法律权威形成的根本和源泉。“法律权威是建立在人们对法律的自愿服从上”[④]，法律的权威性如若仅靠强制性维持自然难以持久，社会成员难以从内心真正地认同、拥护和信仰法律。“法律具有权威，既是法治精神的内在要求，也是旨在规范人们行为的法律的本质特性。”[⑤] “正当性是法律权威令人信服的基础”[⑥]，法治信仰能够保障法律的正当性，使法律具有良法的内在品质。信仰法治、践行法治，并不意味着信仰主体完全顺从和服从法律，其真正意义在于对现行的法律本身及其运行状况加以评判、检视和评估，法治是否真正实现和捍卫社会成员的正当利益，是否真正有利于社会成员福祉的增进。只有对法治建设过程中存在的不符合、不适应的诸多问题进行质疑和批判，才能推进和保障法治的正当与科学，才能保持信仰主体对法治信仰的坚定。“只要法律不再有力量，一切合法的东西也都不会再有力量”[⑦]，“如果宪法和法律缺乏权威，就做不到‘依法’，也做不到‘法治’”[⑧]。“法律权威包含着对法律自身神圣性的信仰与追求，两者相辅相成，

---

① 郑成良、张英霞：《论司法公信力》，《上海交通大学学报》（哲学社会科学版）2005年第5期。

② 《习近平谈治国理政》（第2卷），外文出版社2017年版，第135页。

③ 中共中央文献研究室编：《习近平关于全面依法治国论述摘编》，中央文献出版社2015年版，第90页。

④ 郭忠：《法律权威如何形成——卢梭法律观的启示》，《现代法学》2006年第2期。

⑤ ［英］拉兹：《法律的权威》，朱峰译，法律出版社2005年版，第25页。

⑥ 冉杰：《法律权威的正当性基础》，《求索》2016年第10期。

⑦ ［法］卢梭：《社会契约论》，何兆武译，商务印书馆2003年版，第164页。

⑧ 李林：《中国特色社会主义法治发展道路》，中国法制出版社2017年版，第15页。

互相兼容，不可偏废。”[1] 因此，只有信仰主体真正信仰法治才会形成法律权威，也只有法律权威真正树立起来信仰主体才能真正信仰法治。

---

① 李龙、徐亚文：《关于邓小平的法律权威思想》，《现代法学》1999 年第 2 期。

第三章　法治信仰形成的困境及原因

作为后发内生性的国家，我国缺少现代法治的传统。用费孝通先生的话说："法治秩序的建立不能单靠制定若干法律条文和设立若干法庭，重要的还得看人民怎样去应用这些设备。更进一步，在社会结构和思想观念上还得先有一番改革。"[①] 改革开放以后，我国经历了由"无法可依"到"中国特色社会主义法律体系已经形成"[②]的量变，完成了抓"硬件建设"的浩大工程。2014 年 10 月《中共中央关于全面推进依法治国若干重大问题的决定》的通过，标志着中国特色社会主义法治建设步入了"快车道"。"要法治摒弃人治""形成法治治理秩序"逐步成为全社会的基本共识。在推进法治中国建设过程中，不仅要抓"硬件建设"，更为重要的还要抓"软件建设"，形成法治中国建设的质变。于是，"全社会信仰法律""树立对法律的信仰""信仰法治"等"软件建设"，便具有重要的现实意

---

① 费孝通：《乡土中国》，上海人民出版社 2013 年版，第 55 页。

② 2011 年 3 月 10 日，吴邦国委员长在十一届全国人大四次会议上宣告："一个立足中国国情和实际、适应改革开放和社会主义现代化建设需要、集中体现党和人民意志的，以宪法为统帅，以宪法相关法、民法商法等多个法律部门的法律为主干，由法律、行政法规、地方性法规等多个层次的法律规范构成的中国特色社会主义法律体系已经形成。"

义。但是，目前社会成员法治信仰的形成，却面临诸多困境与挑战。因此，分析法治信仰形成的具体困境及其原因，就显得尤为重要。只有厘清法治信仰的具体困境及其原因，才能更好地阐释法治信仰的具体建构路径。

第一节　法治信仰形成的具体困境

分析法治信仰形成的具体困境，即探讨影响社会成员难以信仰法治的因素。从法治信仰系统的构成要素来看，主要从“信仰客体法治”的法律规范和法治实施两个层面加以讨论和分析。只有法治具备被信仰的内在品质，即能够真正实现和保障广大人民的合法权益，能够切实增进广大人民的福祉时，社会成员追求法治、信仰法治自然是水到渠成的事。当前，社会成员法治信仰形成的具体困境体现在：

一　法律规范因素

法律规范因素主要是从法治的静态层面，即从立法的层面分析法治信仰形成的困境所在。在法律规范体系方面，立法质量有待提高是影响法治信仰形成的前提性因素。拥有良法是推进法治中国建设、社会成员形成法治信仰的前提。在推进中国特色社会主义法治建设的进程中，已经形成了社会主义法律规范体系。但是，现行的部分法律法规、包括规章和政策质量存在隐忧，致使社会成员难以信仰法治。具体体现在：

其一，部分立法公平正义性不足。立法如若不符合公平正义，将直接导致司法的不公正。比如，我国刑法对强奸未满十四周岁女童规定以强奸罪从重处罚，情节严重者甚至可以判处无期徒刑或者死刑；而对奸淫未满十四周岁男童却并无“独立罪名”[①] 予以适用，仅能以“猥亵儿童罪”加以适用，判处五年以下有期徒刑或者拘役。如此，自然有损司法公信和法律权威的形成，缺失公平正义的法律不具备被信仰的品质。

其二，部分立法民情基础不足。立法没有多数社会成员的认同是难以形成法治信仰的，脱离民情为基础的立法正当性是不足的。“法律只要不以民情为基础，就总要处于不稳定的状态，民情是一个民族的唯一坚强耐久的力量。”[②] 比如，为保障交通畅通，2012 年 6 月 30 日 21 时广州突然发布，自 7 月 1 日零时起实行汽车限购。引发公众半夜疯狂抢购汽车，一时引起社会秩序极度混乱。该汽车限购令的出台因缺乏“征求民意”、[③] 绕开民意而替民做主广受市民和舆论的指责。目前，诸如北京、上海、广州、沈阳等地，实施汽车限购等治堵、缓堵措施已多年，城市拥堵的加剧和汽车数量的激增与通行并非简单的正相关，相关政策的出台应倾听民意、以人为本。如此，相关政策才能行得通、有实效。社会成员能否参与到立法过程中，如何参与到立法过程中，能否参与到立法的实质环节尤为重要。缺失社会成员参与和社会认同为基础的立法，法律自然难以在社会成员内心树立权威，缺失权威的法律不会得到社会成员内心的

---

① 吴亚东、杨长平：《惩罚性侵儿童男女有别法律遇尴尬》，《法制日报》2013 年 6 月 18 日第 5 版。

② ［法］托克维尔：《论美国的民主》（上卷），董果良译，商务印书馆 2013 年版，第 346—347 页。

③ 晏扬：《做事重要，以什么方式做事也重要》，《人民法院报》2012 年 7 月 13 日第 2 版；晏扬：《公共决策应多听民意，少些突然袭击》，《新华每日电讯》2012 年 7 月 4 日第 3 版；刘冕：《首都缓堵，没有人可以坐而论道》，《北京日报》2016 年 1 月 29 日第 3 版；叶青：《交通治堵　汽车限购并非唯一出路》，《科技日报》2019 年 6 月 18 日第 5 版。

敬重与遵守，自然也难以形成法治信仰。

其三，部分立法科学性不足。立法既要考虑到国情实际、又要因地制宜，既要尊重客观规律，又要具有可操作性。比如，为了保障老年人的合法权益，《中华人民共和国老年人权益保障法》规定家庭成员对老年人应当经常看望或问候，将道德问题上升到法律层面，涉及具体社会成员不同情境的差异，相关条款恐难以操作。法律条文如若难以操作得到贯彻，老年人的合法权益便得不到有效保障，自然无益于社会公众对此法的信任，法律无法有效实行更难以在家庭成员中形成权威。又如，现行的《中华人民共和国劳动法》虽然对就业歧视有所规定，《中华人民共和国道路交通安全法》虽然对行人通行有所规定，但是，现实社会中就业歧视现象和中国式过马路现象的司空见惯，凸显了法律的实效不足，将全面依法治国落实到各方面变成了“口号”，部分立法缺失科学性和可操作性导致法律权威不足也无益于社会成员信仰法治。

其四，部分立法确定性不足。法律的确定性对于社会成员而言，要求所立之法具有一定的稳定性和可预期性，除却有不符合现实发展、具有滞后性的法律外不能朝令夕改。比如，2013 年 1 月 1 日起施行的《机动车驾驶证申领和使用规定》，规定抢黄灯要扣 6 分并处一定的罚款。随后，公安部一改此规定宣布遇黄灯后及时刹车便免于处罚，该规定修改后仅隔一天又再次修改并宣布闯黄灯应“以教育为主，暂缓扣分”。[①] 相关法律法规、规章政策确定性不足致使社

---

① 韩哲：《总闯民意的黄灯，就难免朝令夕改》，《北京商报》2013 年 1 月 8 日第 2 版。类似的如，2017 年河南下发的“禁放令”，仅两天后就收回。参见《河南收回“禁放令”，“朝令夕改”需反思》，《中国商报》2017 年 1 月 9 日第 P02 版；又如，部分地区的楼市限购政策，“南方个别地方发布了放宽限购新政，12 小时后就草草收场。”参见闻一言《政策朝令夕改不利于楼市稳预期》，《经济日报》2019 年 7 月 23 日第 9 版。

会成员缺失心理预期，难以成为其规范指引和行动指南。部分立法确定性不足，也使社会成员难以信任甚至是信仰法治。

其五，部分立法完备性不足。只有法律规范体系完备，社会成员在具体利益受损时才能找到相应的法律予以支持。以民生领域的立法为例，与民生紧密相关的社会福利法、社会救助法尚未出台，《社会救助暂行办法》也仅是作为行政法规出台。如此，有关社会成员便难以实现“遇事找法、解决问题靠法”[①]。所立之法完备性不足也难以将全面依法治国落实到各方面、全方位，这无助于社会成员法治信仰的形成。

其六，部分立法融贯性不足。“法律规范集合内的某种统一性即融贯性是一项根本要求。一个规范试图达到的目标不应该为另一个规范所破坏。如果基于某一法律规范的某种行为同时被其他规范禁止，那么鼓励该种行为也没有意义。”[②] 这充分说明了立法融贯性的重要性。法律规范集合的融贯性要求所有法律法规、规章政策不得违背宪法，下位法不得抵触上位法，不同类别和同位法之间应相互协调。但是，现实中部分立法为了保护地方利益和部门利益而无视上位法，有失社会的公平正义，不具有融贯性的属性，自然也难以被社会成员信任和信仰。比如，近年来发生的甘肃祁连山生态环境事件，就是典型的地方保护主义。“《甘肃祁连山国家级自然保护区管理条例》历经三次修正，部分规定始终与《中华人民共和国自然保护区条例》不一致。”[③] 将国家禁止破坏保护区生态

① 中共中央文献研究室编：《习近平关于全面依法治国论述摘编》，中央文献出版社2015年版，第89页。

② ［比］胡克：《法律的沟通之维》，孙国东译，法律出版社2008年版，第29页。

③ 《中办国办就甘肃祁连山国家级自然保护区生态环境问题发出通报》，《人民日报》2017年7月21日第1版。

的10类活动缩减为3类，为了地方的局部经济利益和政绩而无视，甚至是抵触上位层面的相关法律法规，给社会成员形成法治信仰带来负面影响。

二　法治实施因素

法治实施因素主要是从法治的动态层面，即从法治实施层面的执法司法分析法治信仰形成的困境所在。在法治实施体系方面，司法公信力不足是影响法治信仰形成的关键性因素。这里的司法或者说法律适用是从广义上来说的，既包括行政机关，又包括司法机关依法定职权和法定程序执行法律的活动。

作为执法主体的政府机构及其职能部门广泛而多元，诸如警察执法、税务执法、消防执法、工商执法、环卫执法、农林牧副、矿业、烟草等行业性执法，几乎所有的行政机关，都有与之相对应的执法权能。绝大多数的法律法规和规章政策由行政机关来执行，日常与社会成员接触最多的并非人民法院和人民检察院而是行政执法部门。因此，行政机关如若执法不严、执法不公，甚至不依法行政，势必会影响社会成员信仰法治。法院和检察院特别是法院作为司法机关，其司法是否兼具形式正义与实质正义，裁判效果能否达到法律效果与社会效果的统一至关重要。司法作为维护公正的最后一道防线，既关涉违法犯罪人员是否受到应有的惩罚，又关涉权利受损人员是否得到救济与保护。司法是否具有公信力会直接影响法律和法治的权威，法律和法治如若没有权威自然难以被信仰。

当前，执法司法领域存在的主要是“不作为、乱作为特别是执法不严、司法不公、司法腐败问题比较突出"[①]。公权力的腐败对司法公信力的冲击最为严重，不仅破坏社会成员对法治的信任，遑论社会成员法治信仰的形成。据2014—2018年度最高人民检察院公报统计：2014—2016年度报告显示每年职务犯罪人数均超过5万，2015—2017年度报告显示受贿犯罪人数每年均超过1万，渎职侵权犯罪人数每年均接近或超过1.2万；每年都有一定数量的厅局级以上（厅局级和部级合计）涉嫌犯罪人员，2014年度报告中为361人，2015年度报告中为617人，2016年度报告中为801人，2017年度报告中为467人，2018年度报告中即2013—2017年厅局级以上（含部级）涉嫌犯罪人员数为2527人。根据赵乐际在中国共产党第十九届中央纪律检查委员会第三次、第四次和第五次全体会议上的报告统计：2018年、2019年和2020年被立案调查的"中管干部"分别为68人、45人和24人；其中，2018年处理"扶贫""基层""涉黑涉恶"等领域腐败的人数近50万；2019年全国纪检监察机关给予党纪政务处分人数为58.7万人，2019年和2020年因涉黑涉恶腐败和"保护伞"问题给予党纪政务处分人数分别为3.2万人和3.8万人。公职人员的腐败犯罪给整个社会生活秩序带来紊乱、严重冲击社会的基础秩序运行，影响法治中国建设的切实推进，给全面依法治国战略的有效实施带来负面影响。公职人员缺失法治信仰、肆意践踏法治、蔑视法治，给社会成员法治信仰的形成带来的影响是负面的和消极的。

我们应该看到，除了表3-1中的数字直观体现，腐败的严重影

① 中共中央文献研究室编：《习近平关于全面依法治国论述摘编》，中央文献出版社2015年版，第70页。

表 3－1　　职务犯罪与腐败基本情况统计　　（单位：人）

事项 ＼ 年度报告	2014	2015	2016	2017	2018	2019	2020	2021	2022
职务犯罪人数	51306	55101	54249	47650	254419				
涉嫌犯罪的县处级以上国家工作人员数	2871	4040	4568	2882	15234				
涉嫌犯罪厅局级人数	253	589	769	446	2405				
涉嫌犯罪省部级人数	8	28	41	21	122				
渎职侵权犯罪行政执法人员数	11948	6067		8703					
渎职侵权犯罪司法人员数	2279	1771		2183					
渎职侵权犯罪人数		13864	13040	11916	62066				
受贿犯罪人数		14062	13210	10472	59593				
行贿犯罪人数		7827	8217	7375	37277				
立案调查中管干部人数						68	45	24	63
涉嫌犯罪移送司法机关中管干部人数						15			
受政务处分公职人员						135000	587000		
处理扶贫领域腐败人数						177000			
处理基层腐败人数						309000			

续表

事项＼年度报告	2014	2015	2016	2017	2018	2019	2020	2021	2022
涉黑涉恶腐败受党纪政务处分人数						10000	32000	38000	9569
涉黑涉恶腐败移送司法机关人数						1899			1037

说明：表3－1关于《职务与腐败犯罪基本情况统计》，其中，2014—2017年度最高人民检察院工作报告所列举的数字分别是上一年度即2013—2016年度的职务与腐败犯罪基本情况，2018年度最高人民检察院工作报告（小计）列举的是自2013—2017年计5年的职务与腐败犯罪基本情况，参见曹建明《最高人民检察院工作报告》，《人民日报》2014年3月18日第2版；曹建明《最高人民检察院工作报告（摘要）》，《人民日报》2015年3月13日第2版；曹建明《最高人民检察院工作报告》，《检察日报》2016年3月21日第1版；曹建明《最高人民检察院工作报告》，《人民日报》2017年3月20日第4版；曹建明《最高人民检察院工作报告》，《人民日报》2018年3月26日第3版。2018—2021年的职务与腐败犯罪基本情况统计，分别是根据赵乐际在中国共产党第十九届中央纪律检查委员会第三次、第四次、第五次和第六次全体会议上的工作报告统计得出，参见赵乐际《忠实履行党章和宪法赋予的职责 努力实现新时代纪检监察工作高质量发展》，《人民日报》2019年2月21日第4版；《坚持和完善党和国家监督体系 为全面建成小康社会提供坚强保障》，《人民日报》2020年2月25日第3版；《推动新时代纪检监察工作高质量发展 以优异成绩庆祝中国共产党成立100周年》，《人民日报》2021年3月16日第2版；《运用党的百年奋斗历史经验 推动纪检监察工作高质量发展 迎接党的二十大胜利召开》，《人民日报》2022年2月25日第2版。

响还体现在未被挖掘出来的公权力腐败运行，也即隐性腐败的存在。或者说制度反腐、腐败的揭露机制的运行，从某种程度上来看效果不是很理想。比如，原四川省广安市委副书记严春风的贪污腐败事件，是由于2018年其女儿的幼儿园风波被舆情掀起来的。类似的还有2012年原陕西省安全生产监督管理局局长、党组书记杨达才事件的败露，是由于名表照片的被揭发。如若不是这些“意外”的发生，类似于上述二人的腐败事件被揭露、被追责可能还要等，甚至有不会被发现、不会被处理的可能性。“当人们在口头上谴责腐败而在行动上不得不向腐败低头的时候，意味着人们对于腐败的默认，意味着腐败与非腐败边界的模糊，以及腐败的‘正当性’的形成。”① 司法腐败是“金钱与司法权的联姻”②，是为了“追求私人利益而滥用公共角色或资源”③。腐败体现的是“法律人”利用法律的漏洞和手中之权“来牟取私利”④，无视受侵害人员的权利救济与保护，无视国家法律的权威，其实质是“权大于法”“信仰人治”的表征。司法腐败所致的司法公信力不足，致使社会成员难以形成法治信仰。具体体现在三个方面：

首先，司法腐败弱化法律权威的公信力。社会成员信仰法治的前提是法律拥有权威，法律权威源自于其公平、公正的内在品质，源自于社会成员最广泛合法利益的实现与救济。只有法律形成权威，

---

① 孙立平：《重建社会：转型社会的秩序再造》，社会科学文献出版社2009年版，第206页。

② 周旺生：《论法之难行之源》，《法制与社会发展》2003年第3期。

③ ［美］约翰斯顿：《腐败征候群：财富、权力和民主》，袁建华译，上海人民出版社2009年版，第12页。

④ 任建明、杜治洲：《腐败与反腐败：理论、模型和方法》，清华大学出版社2009年版，第20页。

社会成员才能从内心认同、接纳、拥护并信仰法治。执法司法人员有法不依、执法司法不公，有损法律的权威致使法律规范失去信用，丧失的不仅仅是社会成员对法律规范的信任，而且是对法治的信任与信仰。

其次，司法腐败弱化法治运行体系的公信力。公权力行使的目的是服务为“民”，而非为“私”或者为“官”服务。中国特色社会主义法治体系融合了执法、司法与守法等环节与体系，将中国特色社会主义法治落实到全过程、各方面，要求行政机关依法行政、司法机关公正司法。司法腐败冲击的不仅仅是法治体系的有效运行，更是“干扰了党和国家制度的体系运行，冲击了人民群众对法治的信心”①。

最后，司法腐败弱化“法律人”的公信力。“法律人”是适用法律的主体，社会成员信任、信仰法律，信任、信仰法治不单单是通过法律规范的正义性和法治实施体系的效用性而增进，还通过“法律人”的个人品格而信任、信仰法律和法治。“法律人”是否有法不依、知法犯法、贪赃枉法，不仅直接影响法治实施体系运行的公平公正，还直接影响国家机关的整体形象和法律权威。“法律人”缺失公信力，社会成员失去对“法律人”的信任，自然也不会信仰法治。

第二节 法治信仰困境成因分析

社会成员信仰法治困境的原因，既有长期以来我国人治文化传

① 中共中央文献研究室编：《习近平关于全面依法治国论述摘编》，中央文献出版社2015年版，第119页。

统的影响，又有具体现实的情境因素。从传统的人治文化分析法治信仰形成困境的原因，是从文化视域进行溯源；从现实的情境因素分析法治信仰形成困境的原因，则是从法治中国建设的实际予以考量，二者充分说明了法治信仰形成的长期与艰难。

一　传统文化因素

法治信仰形成困境的传统文化因素，体现在几千年来人治的传统影响根深蒂固。所谓人治，[①] 是指“国家权力的执掌者，凭借其所有或行使的不受法律制约的权力，完全依据其个人主观意志治理国家、管理社会公共事务的一种特定方式”[②]。国家或政府的权力集结于官僚手中，推行人治而摒弃法治，法律仅仅是统治人民的手段和工具而已，人民则没有权力；官员行事只对皇帝或上级负责而不会对人民尽责，“圣王”及其宗派统治精英的权力、权威超越于法律的权威，并由该种权力进行国家治理。我国的人治之所以影响深远，有其存在的历史和社会条件，只要这些条件没有被彻底肃清，那么人治的残余影响是必然的，具体体现在：

首先，中国几千年来的封建君主专制统治制度以人治为主导，直到清末的《钦定宪法大纲》依旧规定“皇帝权力神圣不可侵犯”，法律是为统治阶级服务的，是统治阶级的意志体现。此外，封建社

① 人治社会具有三大特征：1. 人治社会中的最高权力是不受法律制约的。2. 人治社会中的法律制度是以血缘或世袭的等级制度为基础，以维护不平等的权利义务配置为目的，其内在精神是反民主、反人权的。3. 人治社会通行的理想是由“开明君主”推行“贤人政治”或“精英政治”，崇尚“爱民如子”“为民做主”，而从根本上排斥人民当家作主。参见王建华《培育法治文化的前提：“人治”与“法治”的再认识》，《天府新论》2014 年第 1 期。

② 丁士松：《论人治》，《武汉大学学报》（哲学社会科学版）2008 年第 4 期。

会采取的是官僚治理的方式，“官治社会”[1] 成为社会治理的基础。同样“刑不上大夫”的官僚阶级仰息皇权的恩赐庇佑，皇权倚重官僚阶级治理社会则形成了阶级利益共同体。诚然，其“贤人政治”“选贤与能”等治国理政的方式具有一定的积极意义，这种为了维护皇权和官僚的政治制度与治理结构历经了历史的变迁也有所改变，但是，其身份等级特权特征仍然具有一定的沿袭性。

其次，中国古代社会的小生产者具有分散经济的特点，无论是在经济上还是在政治上对地主和官僚有强烈的依附性，双方势力、地位极不对等。农民靠天吃饭，广大小生产者也没有什么私产，“普天之下莫非王土”，也难以形成与官僚阶级相抗衡的实力。封建社会农民的土地不但随时可以被政府收回，而且一旦遇到天灾人祸，自给自足的农民便会沦落为佃农或者成为地主的奴隶。国家政府代表的是大多数地主阶级的利益，农民无法代表自己的经济政治利益，只能任人宰割，遭受地主统治阶级的控制和压迫，农民仅有的土地使用权和经营权根本无法得到保障。此外，法国社会学家涂尔干将社会划分为“机械团结和有机团结”[2] 型社会，中国古代社会属于机械团结型社会，社会分工极不发达，农民阶级基本以农业生产为主，农民们有着相似的生活生产方式，且农业、工业和商业三业之间缺乏联系与协作；再加上多数封建社会政府限制工商业的发展，

① 胡承槐：《人治、法治、“官治”》，《中共浙江省委党校学报》2008 年第 3 期。

② 机械团结是这样一种社会纽带，它通过强烈的集体意识将同质性的个体结合在一起。人们可以在原始社会或传统农村社区（它们统称为“局部社会”）中发现这种团结的典型表现。以机械团结为纽带的社会中，由于分工不发达，人们的活动、经历和生活方式大体相同，成员之间的同质性程度很高。……有机团结是一种建立在社会成员异质性和相互依赖基础上的社会联结纽带。人们可以从现代社会中的工业化城市中找到这种团结的典型形式，有机团结是建立在社会分工基础上的社会团结类型。参见贾春增《外国社会学史》（第三版），中国人民大学出版社 2008 年版，第 117—118 页。

难以形成发达的商品经济，自然就缺少孕育民主、权利与法治的土壤。

最后，我国法治现代化的前提，是“我国民主法治建设必须与传统儒家的人治传统决裂”①。封建的传统儒家文化重礼轻法，其法乃是为礼治或人治服务的手段，“圣王”政治或者说治理是传统中国治国理政的理念。儒家的典型理念如“贤人（精英）政治”“三纲五常”等在调节人际关系、维系封建社会等级秩序和统治阶级的政权上起到了重要作用，其“爱民如子”“君，舟也；人，水也；水能载舟亦能覆舟”等在本质上来说是排斥人民当家作主，是人治的治理方略，在根本上强调人的等级差别，是形成我国人与人之间不平等的文化根源。

从传统人治文化因素分析法治信仰形成的困境主要在于：第一，根除人治的显性或者说制度性影响的长期性，传统中国社会的人治制度性影响根深蒂固。所谓人治的制度性影响是国家从制度方面将人治的治理方略运用到社会的政治、经济、文化等各个领域，以实现国家治理、秩序稳定的目标。人治治理过程的社会效果，不仅仅是通过国家的制度安排、经济干预和文化渗透进行社会控制，而且还由于政治、经济、文化等不同领域的嵌入和相互作用，促使人治的观念已经深深地烙印在人们的脑海当中，并以此指导着人们的日常行为实践。现今虽然封建的专制统治制度已经根除，但是比较而言根除一种由人治制度催化而成的人治观念影响，则需要更长的时间。

第二，根除人治的隐性或者说非制度性影响的长期性。人治的

① 蒋德海：《人治还是法治：传统儒学与法治理念相融性批判》，《社会科学辑刊》2011年第1期。

非制度性影响是指人们无视法律法规，人治的社会观念和人治的行为实践得到社会认同并得以践行。人治的非制度性影响虽然受到现行法律法规的规制和排斥，但是要肃清长期以来人治观念在人们头脑中形成的烙印及其深刻影响，则需要国家、社会、人民等多方面付出长时期的努力与艰辛才可能实现。目前，我国关于法治的政治性决断和制度建设已基本完成，人治的理念和行为实践遭遇法治的抵制，但是人治的非制度性影响却仍然顽固。现实而言，人治早已不是社会所提倡或规定的。但是在现实表现中，比如部分国企、事业单位时有发生的“萝卜招聘”、信访领域采取的“信访不信法”“大闹大解决、小闹小解决、不闹不解决”；再如“我国是个人情社会，人们的社会联系广泛，上下级、亲戚朋友、老战友、老同事、老同学关系比较融洽，逢事喜欢讲个熟门熟道，但是如果人情介入了法律和权力领域，就会带来问题，甚至带来严重问题”[①]。类似现象或事件成为人们在日常行为实践中排斥或拒绝法治的缘由。

这些理念和行为往往体现的是人治的非制度性影响，突出体现在：其一，从人性来看，我们尚处于强调对物的依赖的商品经济社会阶段，人们对于信仰之选择是基于追求价值还是追求真理，也即是基于利益还是理性作出抉择，源自于人性自私的本质。休谟在讨论政府体制与机制时指出，“必须把每个成员都设想为无赖之徒，并设想他的一切作为都是为了谋求私利，别无其他目标”[②]。

其二，从人的心理来看，人们以人治的观念进行日常行为实践不仅与其自身的失衡、从众或者攀比心理有关，如别人遇事都找

① 中共中央文献研究室编：《十八大以来重要文献选编》（上），中央文献出版社 2014 年版，第 721 页。

② ［英］休谟：《休谟政治论文选》，张若衡译，商务印书馆 2010 年版，第 27 页。

人，别人都贪污腐败，我也要找人，我也能贪污腐败；也与其自身的侥幸、尝试或放纵心理有关，如他人不依靠法律规则办事没有受到惩处还得到了好处，我为什么就得依据法律规章行事等都有关联。

其三，从文化角度来看，潜规则或者说腐败文化已形成且难以去除，“医疗红包”“教育腐败”“求职腐败”等这种文化形成之后会形成扩散效应，会加剧贪腐滋生且陷入恶性循环，自然会增加反腐工作的难度，在客观上推迟了法治信仰形成的进程。

其四，从社会角度来看，中国自古就是个人情社会，人治传统深厚，凡事都找个熟门熟路已成为惯习，人情大于法理成为日常；加上我国在加快推进法治化建设的进程中，许多法律法规、规章政策正处于修正、补充、完备的状态，人们为了获取不当利益往往会利用法律的漏洞或者空白而无视法治，这些表现反映的是人治的隐性、稳固性和持续反射性特征。充分说明一方面，人治观念长期的非制度性累积性影响根深蒂固；另一方面，人们的日常行为实践通常也冠以相对合理的理由而无视法治。此外，部分政治决策层认为法治的政治性决断和制度建设已基本完成，进而缺乏推进全面依法治国的主动性和紧迫性，这也是人治理念的隐性影响所致。在一个长期存有人治的非制度性影响的中国，人治理念经过几千年的积淀已经非常成熟，具有一定的稳固性、承继性和反射性。因此，根除人治的理念和行为，纵然可以得到国家法律法规、规章政策的支持，但是由于人治理念的稳固性和其长期累积的持续反射性的特征，使得肃清理念上的人治影响进而实现法治、形成法治信仰并非一朝一夕就能够完成。

二　现实情境因素

法治信仰形成困境的现实情境因素，体现在法治政治决策滞后和社会成员法律意识淡薄两个方面。

首先，是法治政治决策滞后。一般而言，政治决策通常是在社会运行过程中，针对由于社会结构和社会环境失调威胁到社会的发展与秩序的稳定产生的重大社会问题进而制定和选择行动方案的过程，以控制社会问题的繁衍和扩展，促进社会的良性运行和发展。具体而言，法治政治决策的滞后性体现在：

一方面，法治政治决策的滞后表现在政治决策层将法治问题纳入政治决策主流序列滞后。对于不同的政治决策层而言，他们并不否认法治作为社会问题的至关重要性。但是，政治决策层面在面临诸如经济制度改革、市场经济体系完善、城乡一体化发展、经济运行下滑、地方保护主义等系列经济问题时，法治等重要社会问题便难以进入决策层的视野，从而被排挤在政治决策的主流序列之外。此时，法治问题的“等一等、放一放、慢慢来”明显地呈现出法治政治决策的滞后性。法治的政治决策行为展现的是，只有当人治或者说法治问题发展到必须得关注、不得不解决的严重程度后才会被提上日程，才会进一步进行政治决策并付诸实施。这里并不是说滞后的法治政治决策就没有成效，但是如若能及时地甚至是超前地作出法治政治决策并有效实施与推进，就会减轻，甚至是化解由于长时期缺少关注法治问题所带来的诸多负效应，以有利于社会健康、有序和平稳的运行。

另一方面，法治政治决策的滞后还表现在对底层弱势群体的利益忽视。科学的法治政治决策要体现出民主和民本两个基本理念，自然要体现出对不同群体利益特别是底层弱势群体利益的重视，以追求和实现公平正义。比如说在1997年之前，嫖宿幼女通常仅以“治安处罚”来处理；1997年修订的刑法为了“保护幼女”，嫖宿幼女罪规定“嫖宿不满十四周岁的幼女的，处五年以上有期徒刑，并处罚金。”这一规定终于在18年后的2015年8月29日通过的《刑法修正案（九）》中被明确废除，嫖宿幼女视同奸淫幼女从重处罚。前两者对侵害人的惩罚过轻，而后者《刑法修正案（九）》的惩处规定则体现了罪罚相适原则，有利于公平正义的实现。在法治政治决策问题上，其滞后性常常表现在对弱势群体利益滞后的考量。之前的嫖宿幼女罪的规定，即“对幼女有针对性的保护”与“侵害人的过轻惩处”比较而言，嫖宿幼女罪的规定反而成为权贵阶层的“保护伞”，这对幼女来说其利益损失更大、有失公正，《刑法修正案（九）》的规定则切实体现了以幼女为底层弱势群体的利益来考量作为政治决策的依据。在这里，强调政治决策应注重底层弱势群体的利益并非就是要否认和无视其他层次群体的利益，而是要突出强调对于侵害幼女的权贵阶层而言，之前嫖宿幼女罪的规定或观念是诱发权贵阶层侵犯幼女的客观条件之一，现实中为了突出“保护幼女利益”的法治政治决策，在实际上却忽视或者说轻视了幼女的利益。因此，在底层弱势群体利益受损的前提下，在法治的观念和以法治观念指导的实践中，应强调政治决策过程中对底层弱势群体的利益考量以保障公平正义的实现。只有在政治决策层次上充分体现出法治公平正义的理念，真正保障人民的合法权益，才能彰显法治的良好社会效应、体现出法治的价值，才能有利于社会成员法治信仰的形成。

论及法治政治决策的滞后，究其根本则与政治决策者的法治意识或者说法治素养有关。法治政治决策过程中产生滞后性的根本原因在于部分政治决策者认为，既然我们已经将法治作出了政治性的决断且从制度方面加以确认，其他问题便无关紧要，要知道的是“制度并非是万能的”，相比较而言制度的完善与否和实施的成效更为重要。需要说明的是：其一，形成与法治有关的政治性决断或制度只是法治信仰形成的前提条件和保障条件，需外加辅以与法治有关的政治性决断和制度的完善以及与法治有关的政治性决断和制度的有效实施三者有机结合，才是形成法治信仰的完备体系。在法治中国的伟大实践中，这三大要素所涵盖的任务还远远没有完成，法治有关的政治性决断或制度的形成并非是形成法治信仰的充要条件，唯有坚持不懈地辅以与法治有关的政治性决断或制度的完善并监督、保障其有效实施，才能真正推进法治信仰的形成。其二，当前根除人治的制度性规定和建设已基本完成，也即中国特色的社会主义法律体系的形成，但是随后的“一是如何很好地完善法律体系；二是如何有效地推进法律实施”[①] 任务更为艰巨重要。人治的非制度性影响无论是在人们的头脑观念中，还是日常行为实践中都或隐或显地坚韧表现着。因此，根除人治的非制度性影响也需要法治有关的政治性决断或制度的日益完善和有效实施，这需要付出长期而艰苦的努力。滞后的法治政治决策，无视、引发甚至是放纵人治问题带来的诸多弊端进而产生的累积效应，在客观上助长了人治的理念和人治理念催生下的行为实践，进一步增添了法治信仰形成之艰难。

其次，是社会成员法律意识淡薄。之所以说社会成员法律意识

① 付子堂：《法治中国的“一个中心，两个基本点”》，《法制与社会发展》2013 年第 5 期。

淡薄是法治信仰形成困境的原因之一，在于只有社会成员拥有一定的法律意识并上升到法律信仰，从内心拥护法律权威，才能真正践行法治、维护法治、坚守法治进而信仰法治。“信仰法治的实质，不是把法律当作现代神灵来膜拜甚至盲从，而是要真正树立宪法和法律权威，建立一种以正确理性、具体规则和正当程序为基本特质的治理秩序和参与秩序，使法律成为国家、社会最高层次的治理规则，成为解决纠纷的最终途径。”① 但是，由于人治传统长期以来的影响，社会成员缺少学法、尊法、信法、守法、用法和护法的惯习。具体体现在两个层面：

一方面，社会公众的权利意识淡薄。权利意识“是指人对自己作为独立主体的利益和自由的认识、主张和要求，以及对他人同样的认识、主张和要求的社会评价”②。既强调对自我权利的认识又强调对他人权利的尊重，更为重要的是强调“首先确立制约权力的基本权利观念”③。法治信仰的核心要义是社会公众以法治为指引，尊重法律权威并以法治的方式实现和保障自己的合法权益。只有社会公众意识到应以法治实现和捍卫自我的合法权利以及认同与尊重他人的正当权利，同法治相悖的现象进行质疑甚至抗争，以维护法治、捍卫法治，才能为法治信仰的形成奠定基础。因此，社会公众法治素养不高，权利意识淡薄自然是法治信仰形成困境的原因之一。

譬如现今的中国乡村大多还是分散的小农经济，公民缺少信仰法治的习惯和动力。厌讼或者用费孝通先生的话说“无讼”依旧是社会公众的惯习，“如果是善良的乡下人，自己知道做了坏事绝不会

---

① 付子堂：《只有信仰法治才能坚守法治》，《人民日报》2014 年 4 月 10 日第 13 版。

② 李臣：《权利意识论》，《中央政法管理干部学院学报》1998 年第 5 期。

③ 夏正林：《论基本权利的一般性和特殊性》，《法学评论》2012 年第 5 期。

到衙门里来的"[①]。再有，社会公众对于当下国家工作人员的贪污腐败、执法不公不严等现象，秉持一种"事不关己高高挂起"之心态，反正"贪的都是国家的"，"不公、不严和我又没有什么关系"，缺少社会公众应有的"主人翁"意识和素养，反而进一步助长甚至是纵容国家工作人员知法犯法等不良现象的发生与蔓延，充分体现出社会公众缺乏应有的权利主体意识。此外，社会公众缺少以法律维护和救济自我权利的意识，说明社会公众缺少法治参与、维护法治的理念。社会公众缺少法治参与的现实情境，不仅仅说明其权利意识不强，还说明法律缺少权威，社会公众难以形成内心的认同。缺少法治认同的溯源理应是在立法就缺少社会公众的参与，即法律缺失民情作为基础，会使社会公众形成法律与我无关的感悟。"书本上的法"并未转化为社会公众"行动中的法"，[②] 形成了国家自上而下推动的法治实践与社会公众的束之高阁并行的"法治悬置"。[③]

另一方面，部分领导干部和"法律人"的法治素养不高。当前我国法治建设过程中还存在许多问题，如部分权力部门司法执法不公不严、暴力行政与执法、工作推诿扯皮，部分国家工作人员，尤其是领导干部知法犯法、贪赃枉法、以权压法等人治观念作祟。如小到近期网络疯传热议的"北京警方暴力执法至雷洋非正常死亡"事件，兰州财经大学两位大学生因用手机拍摄兰州和平派出所民警暴力执法视频，而被民警强拉至派出所以警棍和耳光"伺候"，并将两位大学生的屁股打开花；之前的河南省鹤壁市淇县一名供电所长

① 费孝通：《乡土中国》，上海人民出版社 2013 年版，第 55 页。

② 朱景文：《比较法社会学的框架与方法：法制化、本土化和全球化》，中国人民大学出版社 2001 年版，第 353 页。

③ 张善根：《法律信任论》，中国法制出版社 2018 年版，第 7 页。

酒后无故拉闸停电事件以及秦皇岛某自来水科长由于搓澡工不认识他便肆意派人欲给浴池停水、贪腐上亿事件，大到徐才厚、周永康等“猛虎、大老虎”等贪腐、滥用职权等案件的频发。可以说，人们考察法治是否值得信仰在很大程度上，是透过国家权力部门工作人员的具体工作和日常行为实践来进行确信和权衡的。如此，这些不良现象的负面效应不仅会导致国家公信力的缺失，还会致使本来就缺少信仰法治传统的社会公众丧失信仰法治的信心，这在客观上进一步阻滞了法治信仰形成的进程。由于长期以来人治观念及实践负面累积性效应的影响，短时期内提升社会公众特别是领导干部“关键少数人”和“法律人”的法治素养，进而推进法治信仰的形成属实艰难。

第四章　法治信仰的生成基础与机制

法治信仰作为一种人类的精神现象，并非主动或自动实现。法治信仰的生成，有其一定的现实基础，又依赖于一定的生成机制。“实际上，世界上存在的任何东西都肯定地是有一个作为其基础并与其相调适的生存背景或者环境。”[①] “法律反映它存在那个时代的思想、社会、经济以及政治环境”[②]。作为信仰客体——法治的生成自然难以脱离其生存的现实环境，如若法治缺失生长的现实环境土壤，法治信仰的生成自然无从谈起。从社会化的意义而言，法治信仰的生成是社会成员将法治内化于心外化于行的过程。所谓社会化，是指“一个从‘生物人’向‘社会人’转变的过程，而且是一个内化社会价值标准、学习角色技能、适应社会生活的过程”[③]。也即只有法治经社会成员的认同、选择和整合成为社会成员内心的信仰，进而转化为社会成员的行为实践，法治信仰才得以切实生成。法治信仰的内生机制与外生机制共同发挥作用，才能真正促使法治信仰得

---

① 姚建宗：《法治的生态环境》，山东人民出版社 2003 年版，第 14 页。

② Vago, S., *Law and Society*, Englewood Cliff: Prentice - Hall, 1981, p. 3.

③ 郑杭生：《社会学概论新修》，中国人民大学出版社 2013 年版，第 115 页。

以实现。因此，分析法治信仰的生成，展现法治信仰生成的机理，需要从法治信仰的现实基础和生成机制两方面加以把握和理解。

第一节　法治信仰生成的现实基础

法治信仰的生成需要一定的基础和条件，缺失具体现实条件为基础的法治不仅难以形成，法治信仰的生成更是近于空中楼阁。法治信仰的现实基础，是指法治信仰生成所依赖的经济环境、政治环境和文化环境。其中，市场经济是法治信仰生成的经济环境基础，民主政治是法治信仰生成的政治环境基础，法治文化是法治信仰生成的文化环境基础。市场经济、民主政治与法治文化共同构成了法治信仰生成的现实条件与基础。

一　市场经济：法治信仰的经济基础

"不是意识决定生活，而是生活决定意识。"① "政治、法、哲学、宗教、文学、艺术等等的发展是以经济发展为基础的。"② 既说明经济基础决定上层建筑，也说明法治信仰的生成必定取决于经济发展，市场经济是法治信仰生成的经济环境基础。市场经济并非历史上就存在，而是随着历史的发展而出现的。传统的自然经济自给自足，自然缺少孕育法治的土壤。中华人民共和国成立之初实行完全的计划经济，中央高度集权，人的独立性与自主性缺失也难以形

① 《马克思恩格斯文集》（第1卷），人民出版社2009年版，第525页。
② 《马克思恩格斯选集》（第4卷），人民出版社2012年版，第649页。

成现代法治。中国在排除了市场经济姓资还是姓社的争论之后，于1992年10月中国共产党第十四次全国代表大会确立了社会主义市场经济，并在1993年3月经第八届全国人大一次会议《宪法》修正案得以通过。我们通常所说市场经济本质是竞争经济，意指只有实现市场经济，才能激发人的主观能动性，促使人不断革新技术手段，不断提高和发展生产力。依据马克思的人的发展三阶段理论，人的发展实现经历了从对人的依赖到对物的依赖再到人的全面发展三个阶段。市场经济的发展实现了摆脱传统计划经济时代对人的依附性，人的个体性地位得以确立稳固、主动性得到增强提升，实现对物的依赖的“自由”。“仓廪实则知礼节，衣食足则知荣辱”，从某种程度上说明了经济发展对形成与之相适的意识的重要作用。“人们在自己生活的社会生产中发生一定的、必然的、不以他们的意志为转移的关系，即同他们的物质生产力的一定发展阶段相适合的生产关系。这些生产关系的总和构成社会的经济结构，即有法律的和政治的上层建筑竖立其上并有一定的社会意识形式与之相适应的现实基础。”[①] 只有市场经济的完善与发展，人才能基于理性去思考权利、平等、公正、独立与自由等观念上或精神层面的问题，才能真正激发人们权利意识的觉醒以及对公平正义的追求。也只有市场经济的发展与完善，才能促进契约精神的发育与发展，才能激发人们基于正当权利的实现与保护而践行法治。

应当讲，市场经济与法治社会相伴而生。之所以说市场经济是法治信仰生成的环境基础，是因为：一方面，法治的发展程度取决于市场经济的发展水平与质量，不同的经济基础自然有与之相适应

---

① 《马克思恩格斯选集》（第2卷），人民出版社2012年版，第2页。

的治理方式。传统社会自然经济的自给自足、商品交换不发达的天然特征决定国家的治理靠“德主刑辅”，社会秩序的维系更多的是靠三纲五常等儒家礼仪，强调义务本位和等级的不平等，现代法治难以生成有其天然局限性，自然不会有法治信仰的出现。现代法治是随着市场经济的发展而逐渐形成的国家治理方式，与传统社会的自然经济比较，市场经济强调主体平等、权利意识、公正意识，为了保障市场经济的有序发展，就需要以法律予以规范调整，从而催生了社会成员对法治的需求，以调整不同主体间的纠纷，捍卫和保护社会成员的合法权益。因而，市场经济的发展水平与质量同法治的发展是成正比的，市场经济发展越发达，法治发展的程度越好，进而会促使社会成员认同法治、信仰法治。

另一方面，在实行计划经济时期，集权体制下经济与政治高度融合，经济、法律成为政治的附庸，社会成员的利益分配方式是平均主义，缺乏自主性与竞争性。比较而言，市场经济能更大地激发社会成员对利益的追求，更大地激发社会成员的竞争性，这就需要法律承认和保护社会成员的财产权、地位平等、主体资质等合法权益。需要法律对侵犯他人合法权益的违法犯罪予以制裁惩罚、建立起合理公正的资源分配制度，从而增进社会成员对法律规范的信任进而形成对法治的信仰。可见，法治是市场经济的内在本质，市场经济为法治创造了平等、自由、公正、透明的经济环境，市场经济是法治生成的经济基础，也为法治信仰生成创造了良好的经济环境。

二　民主政治：法治信仰的政治基础

专制与民主是政治制度的两种表现样态，前者意味着人治，后者意味着主权在民。有什么样的政治环境和政治制度就有什么样的法律和法治，法治信仰的生成不仅与经济环境有关，还受到政治环境的制约和影响。“政治是法治赖以生存的前提，因为政治权力是法治存在的基础，政治制度是推进法治的载体。离开了政治的法治是无法开展下去的。”① 政治与法治“具有非常密切的内在关联”②，体现在：一方面，从国家与法律的起源来看，由于主体之间利益纷争出现了难以自主自发解决的情况，社会成员便让渡手中权利组建政治社会，政治权力登场介入，通过一定的方式或民主或集权，将利益调处的方式以法律的方式予以确定。权力优先于法律，政治权力优先于法治，体现着“政治对于法律在事实上和逻辑上的控制与决定性”③。

另一方面，从法治体系的运行来看，政治制度贯穿于法律制定、法律执行、法律适用、法律遵守等环节。“在民主制中，不是人为法律而存在，而是法律为人而存在；在这里人的存在就是法律，而在国家制度的其他形式中，人却是法律规定的存在。”④ 在法律制定环节，全国人民代表大会是国家最高权力机关，法律由全国人民代表大会制定，人民代表大会制度是我国的民主政治制度，充分体现人民的意志，体现民主政治是法治的基础。此外，法律的制定、修改、废止也都体现政治制度的引领作用。在法律执行环节，“要加强对权力运行的制约和监督，让人民监督权力，让权力在阳光下运行”⑤。并设定了人大监督、检察监督、社会监督等系列监督制度。“政策制

---

① 《李龙文集》（第2卷），武汉大学出版社2011年版，第669页。

② 姚建宗：《论法律与政治的共生：法律政治学导论》，《学习与探索》2010年第4期。

③ 姚建宗：《法律的政治逻辑阐释》，《政治学研究》2010年第2期。

④ 《马克思恩格斯全集》（第1卷），人民出版社1956年版，第281页。

⑤ 中共中央宣传部编：《习近平新时代中国特色社会主义思想学习纲要》，学习出版社、人民出版社2019年版，第102页。

定者需要对法治运用和法治执法的宏观控制投入更多的人力支持”[①]，以保障依法执法、公正执法。在法律适用环节，如设立巡回法庭制度、裁判文书上网制度、干预司法登记备案制度等，以保障司法公正。在法律遵守方面，如通过设定立案登记等利民、便民制度以增强社会成员的权利意识和尊法、用法意识，促进社会成员信任法治进而选择法治、信仰法治。

“如果没有民主，则法治也仅仅是一种理想”[②]，民主政治是社会主义法治的基础，缺失民主的政治制度难以形成社会主义法治。体现在：其一，民主政治保障法律的权威性和法治的价值。“党的领导、人民当家作主、依法治国有机统一，最根本的是坚持党的领导。”[③]“党领导人民制定宪法和法律，党领导人民执行宪法和法律，党自身必须在宪法和法律范围内活动。”[④]我国实行人民代表大会制度，宪法法律由全国人民代表大会制定，保障了人民对法律的社会认同，法律体现人民意愿、维护人民的主体地位、保障法律的权威性和正当性。体现了主权在民，体现了法治的价值所在。其二，民主政治保障法律适用的平等性。“法律一经制定，任何人也不能凭他自己的权威逃避法律的制裁。”[⑤]在我国，“任何组织和个人都必须尊重宪法法律权威，都必须在宪法法律范围内活动，都必须依照宪

---

① Concetta Castiglione, Davide Infante, Janna Smirnona, “Environment and economic growth: is the rule of law the go Between? The case of high - income countries, Energy”, *Sustainability and Society*, 2015, Vol. 59 (1), p. 7.

② 武建敏、董佰壹：《法治类型研究》，人民出版社 2011 年版，第 109 页。

③ 中共中央文献研究室编：《习近平关于全面依法治国论述摘编》，中央文献出版社 2015 年版，第 19 页。

④ 中共中央文献研究室编：《习近平关于全面依法治国论述摘编》，中央文献出版社 2015 年版，第 21 页。

⑤ ［英］洛克：《政府论》（下篇），叶启芳、瞿菊农译，商务印书馆 1964 年版，第 86 页。

法法律行使权力或权利、履行职责或义务，都不得有超越宪法法律的特权。”[①] “作为社会控制的一种高度专门形式的法律秩序，是建筑在政治社会权力或强力之上的。”[②] 民主政治保障了社会主义法治的效能性，任何人和组织都在法律之下，充分体现了法律的合法性与权威性。民主政治蕴含了自由、平等、程序、合法性、参与、限权等天然品质，“其核心都在于为‘民’”[③]。我国的人民代表大会制度、中国共产党领导的多党合作和政治协商制度、民族区域自治制度和基层群众自治制度充分体现了社会主义民主政治的核心与本质在于为民、利民，在于保障人民当家作主。如此，才能真正体现社会主义法治的平等与公正，社会成员才能从内心接纳、拥护、追求法治，进而信仰法治，民主政治为法治信仰的生成提供了良好的政治环境。

三　法治文化：法治信仰的文化基础

法治信仰势必需要在一定文化环境内生成，如果缺少相应的文化精神与之相匹配，缺乏法治文化环境的塑造，法治信仰也必定难以实现。当然，转型社会中，多元文化与理念在冲突融合中发展，法治信仰若要实现，需要形成与之相称的文化支持系统，形成以法治为共识的核心价值观念。

文化作为人类社会的整体文化其概念广泛而多元，“文化的定义

① 中共中央文献研究室编：《习近平关于全面依法治国论述摘编》，中央文献出版社2015年版，第29页。

② ［美］庞德：《通过法律的社会控制》，沈宗灵译，商务印书馆2010年版，第29页。

③ 胡水君：《民主政治下的为民之道——对政治、行政及其关系的一个分析》，《法学研究》2007年第3期。

有300多种”[①]。有论者指出文化可以归纳为三种文化观，[②] 分别为广义、中义和狭义的文化观。其中广义文化观，一般指物质财富与精神财富的总和。文化是随着社会的变迁而发展变化的，通常来讲，物质文化的变迁要先于精神文化的变迁。在精神文化层面，制度层面的文化变迁要先于风俗习惯和价值理念的变迁，也即法律制度规范的变迁要先于法治价值理念的变迁。中义文化观则更多强调对精神文化的关注，而缺少对物质文化的关注。如泰勒关于文化的经典定义，“文化，……是个复杂的整体，包含知识、信仰、艺术、道德、法律、习俗和个人作为社会成员所需的其他能力以及习惯。”[③] 狭义的文化观则指意识形态，如“一定的文化是一定社会的政治和经济在观念形态上的反映”[④]。从社会化的意义而言，文化作为一种价值标准或尺度，是“人追求和享有一定的价值成果，并通过实现这些价值来更新和发展自己，以及周围的世界”[⑤]。突出了文化对社会成员所具有的内化意义，强调人拥有一定的文化价值观念对“周围”的影响意义。“文化，是一种包含精神价值和生活方式的生态共同体。它通过积累和引导创建集体人格。”[⑥] 对于法治信仰主体而言，其行为实践既受到社会主义市场经济物质条件的制约，又受到文化环境对其观念的影响，文化对信仰主体的价值观念具有塑造功能。

“从文化的角度看，法治文化是以‘法治’为治国理政基本方

---

① 仰海峰：《文化哲学视野中的文化概念——兼论西方马克思主义的文化批判理论》，《南京大学学报》（哲学·人文科学·社会科学）2017年第1期。

② 刘作翔：《从文化概念到法律文化——“法律文化”：一个新文化概念的取得及其“合法性”》，《法律科学》（西北政法学院学报）1998年第2期。

③ ［英］泰勒：《原始文化》，连树生等译，广西师范大学出版社2005年版，第3页。

④ 《毛泽东选集》（第2卷），人民出版社1991年版，第694页。

⑤ 李德顺等：《精神家园：新文化论纲》，黑龙江教育出版社2010年版，第21页。

⑥ 余秋雨：《何谓文化》，长江文艺出版社2012年版，第6页。

式所形成的一种社会文化形态。从法治角度看，法治文化是以‘文化’为表现形式和主要内容的一种法律统治形态，两个角度相辅相成、殊途同归。”① 可以说，有什么样的文化，就有什么样的国家治理；有什么样的文化，社会成员就会有与之相适应的行为实践，法治文化是法治和法治信仰生成的文化环境基础。强调法治文化是法治信仰生成的文化环境基础而并非法律文化，是因为前者法治文化强调的是良法善治和法律权威至上；而后者则是在任何一个社会历史时期，只要有法律就会有法律文化。法律文化既可能是法治也可能是人治，并不必然蕴含现代法治所具有的民主、平等、公正、人权等核心价值。法治文化对于法治信仰生成而言，其核心要义是强调社会成员对法治文化的认同，“人们对法治文化的一种‘相互承认’，是民众对法治文化的‘重叠共识’，是主体对法治文化中的正义观念、良好的社会秩序观念、公民作为人的观念、制度正义原则以及关于合作性美德的共识”②。法治不仅是国家治理的理念，是法律原则、规范、程序等制度集合，还是法治实施体系的有效运行，“归根结底是一种文化、一种信仰、一种生活方式”③。

2012 年 11 月 8 日召开的党的十八大，倡导将法治作为社会主义核心价值观。既是基于治国理政成败经验的总结与反思，又是推进全面依法治国、建设法治中国的现实需要，“集中体现了当代中国精神，凝结着全体人民共同的价值追求”④。将法治作为社会主义核心

① 李林：《中国语境下的文化与法治文化概念》，《新视野》2012 年第 3 期。

② 龚廷泰：《法治文化的认同：概念、意义、机理与路径》，《法制与社会发展》2014 年第 4 期。

③ 李林：《中国语境下的文化与法治文化概念》，《新视野》2012 年第 3 期。

④ 中共中央宣传部编：《习近平新时代中国特色社会主义思想学习纲要》，学习出版社、人民出版社 2019 年版，第 144 页。

价值观，不仅是坚定走中国特色社会主义法治道路的价值指引，更是将价值观的法治作为法治文化精神内核的高度凝练。强调社会主义核心价值观的培育和践行“要注重全方位贯穿、深层次融入，在落细、落小、落实上下功夫。要使社会主义核心价值观的影响像空气一样无所不在、无时不有，成为百姓日用而不觉的行为准则”[①]。“文化具有的内在价值观能引导民众”[②]，将法治作为社会主义核心价值观进行培育和践行，其实质是强调社会成员形成对中国特色社会主义法治文化的高度认同，进而使社会成员形成尊法、守法、用法和护法的惯习，使法治成为社会成员的行为准则和行动自觉。通过法治作为社会主义核心价值观的文化环境塑造，引导社会成员形成办事依法、遇事找法、解决问题靠法的惯习。全民守法、依法行政、公正司法本身就是将法治作为社会主义核心价值的弘扬过程，对法治作为一种文化，作为一种核心价值观的培育和弘扬，其实质也是社会成员法治信仰生成的过程。

第二节　法治信仰生成的具体机制

诚然，法治信仰的生成具有一定的经济环境、政治环境和文化环境基础。但是，法治信仰作为社会成员的精神现象，其生成更多地需要依靠社会成员自身对法治的认知、情感、认同、信任乃至信

① 中共中央宣传部编：《习近平新时代中国特色社会主义思想学习纲要》，学习出版社、人民出版社2019年版，第144—145页。

② ［美］亨廷顿、哈里森：《文化的重要作用：价值观如何影响人类进步》，程克雄译，新华出版社2010年版，第47页。

仰，强调信仰法治是社会成员的一种主观把握。法治信仰的生成更多的是强调社会成员主动的、内在的、自觉的建构，是社会成员基于自身的需要，对法治内在的法律规范、法治实施、法治价值的一种法治认知、社会认同、理性选择和社会整合的综合心理活动过程，也即强调法治信仰内生机制的作用机理。此外，法治本身也是国家建构的过程，法治信仰的生成离不开法治教育外生机制功能的发挥。法治信仰的内生机制与外生机制共同作用于社会成员，引导社会成员在具体的实践中认同法治、选择法治，并将其逐渐内化为社会成员的价值观念，进而促进社会成员法治信仰的生成。

一　法治信仰的内生机制

法治信仰的内生机制是指社会成员依据法治的要求，经过法治认知、社会认同、理性选择以及社会整合等阶段，将法治内化为社会成员的价值观念，进而外显或外化于法治实践的过程。其中，内化是指“主体把现实的或想象中的他与其所处环境间有规则的相互联系，以及现实的或想象的环境特征转化为内在规则与特性的过程”[①]。是指“社会规范对于行为者个人来说已经不是外在的，而是转化为他的内在原则或者规范意识”[②]。强调的是社会成员对社会规范的主观认同与选择。外化是强调在法治内化为社会成员价值观的基础上，将法治的价值观念付诸实践的行动。法治信仰生成的要义，不仅需要社会成员将法治内化于心，更需要社会成员将法治外显于

---

① 心理学百科全书编辑委员会：《心理学百科全书》，浙江教育出版社 1995 年版，第 1875 页。

② 沙莲香等：《现代社会学——基本内容及评析》（上册），中国人民大学出版社 1994 年版，第 204 页。

行，将法治落实到具体的社会实践中，在法治信仰的引领下使法治成为社会成员行动的自觉。

（一）社会认同

“认同”一词由“同一性”[①] 转译，系“个人心理上和社会上的归属问题”[②]。“法治认同，是指公众对制定的良好的法律的普遍认可和接受，是指公众通过实践经验和理性对法律进行评判，因法律顺应民众的价值期待、满足民众的需要，民众从而认可法律、尊重和信任法律、愿意服从法律的过程。”[③] 同时认为，应以“法治认同替代法律信仰”[④]。其原因在于法律不具备宗教的属性和信仰不能被怀疑和批判，而主张摒弃法律信仰。但是，从法治信仰生成的意义分析法治认同，其“实质是一种凝聚社会共识的重要文化心理基础”[⑤]，是法治信仰形成的必经阶段和基础环节。

法治信仰的生成是社会成员从法律心理到法律观念，再到法律信仰直至法治信仰的由表及里、由浅入深的有序提升和定型化的过程，是社会成员对法治的认知、认同、选择和整合的综合把握。法治认知是法治认同的逻辑起点，只有“知”才可能认同，才可能进一步去信仰，社会成员拥有一定的法治认知和法治认同，是法治信仰形成的先决条件。这就要求社会成员对现实社会中法治有一定的

---

① 马庆：《多元论下的本真性理想：查尔斯·泰勒现代性思想研究》，上海社会科学院出版社 2015 年版，第 50 页。

② 洪晓楠等：《提高国家文化软实力的哲学研究》，人民出版社 2013 年版，第 68 页。

③ 李春明、张玉梅：《当代中国的法治认同：意义、内容及形成机制》，《山东大学学报》（哲学社会科学版）2007 年第 5 期。

④ 李春明、王金祥：《以“法治认同”替代“法律信仰”——兼对“法律不能信仰”论题的补充性研究》，《山东大学学报》（哲学社会科学版）2008 年第 6 期。

⑤ 朱国良：《当代公民法治认同与法治政府权威提升研究》，《东岳论丛》2016 年第 6 期。

了解或者说认知，既包括对感性的、初级的法律现象的认识，也包括对法律规范及法治实施的基本认知，还包括对理性的、高级的法治认知，如对法治理念、法治价值和法治精神的把握。法治认同表达的是社会成员对法律规范、法治实施以及法治价值的一种认可和接纳的心理状态，能够“使法治建设与发展具有良好的文化心理基础和社会心理根基”①。只有社会成员认知到法治能够真正保障社会成员最广泛的合法权利，对侵害社会成员权利的违法犯罪能够予以制裁，能够促进实现社会的公平正义，能够增进人民的福祉和保障国家的安定，才会形成法治认同。法治认同强调社会成员对法治价值的可感知和法治价值的实现性。此外，还要强调社会成员对法治实施诸环节的可批判性与“可审视性”②。如此，社会成员才能真正从内心接受法治、认同法治。

在法治信仰的生成过程中，社会成员通过对法治的体验能够形成一定的法治情感。“人们对法治的情感主要包括对法治的信任感、敬畏感和责任感”③，强调法治的信任感意欲说明社会成员对法治正当性价值的感悟与确认，强调法治的敬畏感意欲说明社会成员对法治的信仰要求与期待，强调责任感意欲说明社会成员对法治的参与、守护与忠诚等积极地、深层次的情感责任。强调法治的信任感、敬畏感与责任感，突出的是社会成员需要持有一种正确的法治态度。法律的真正权威并非来自于约束力和外在的强制，而是“依赖于正当化论证，依赖于内心响应”④。社会成员之所以会对法治形成情感，

---

① 卢建军：《法治认同生成的理论逻辑》，法律出版社 2014 年版，第 20 页。

② ［美］泰勒：《人们为什么遵守法律》，黄永译，中国法制出版社 2015 年版，第 1 页。

③ 姜涛：《情感认同与社会主义法治文化培育》，《理论探索》2018 年第 1 期。

④ 季卫东：《通往法治的道路：社会的多元化与权威体系》，法律出版社 2014 年版，第 48 页。

是基于“互利性正义与公道性正义”[①] 的需要。互利性正义是基于互利关系受损或遭到破坏，形成维护互利正义的情感，突出的是利己主义。当然，这要求双方基于理性人转为情感人。公道性正义则是基于公共利益受损或者裁判不公，需要主持正义而提出来的，强调的是利他主义。拥有一定的法治情感是形成法治认同前提，只有社会成员形成对法治的情感，才能真正依赖法治、认同法治。

法治认同包括个体认同和社会认同两个层面，社会成员从对法治的认知到认同，进而将法治的客观要求转化为内在的自觉，就像“生计、婚配、征战以及精神等方面的各色行为按照在该文化中发展起来的无意识的选择标准而纳入一种永久式模式”[②]，达致文化认同一样形成法治认同。个体有效的参与社会实践所需要的基本法治知识、规则和观念源于一定的法治认知，得益于对法律规范和法治经验的把握。法治社会认同促使社会成员在具体的行为实践中，“把认同比作吞食别人的合并”，[③] 这种“达成一致的意义——共享的情境定义——同时个体作为社会成员习得”[④] 的过程，“是一个稳定的集合体保持共同的信仰、行为方式和价值观念以抵御来自群体外部或群体内部成员的潜在威胁的过程”[⑤]。法治社会认同是“社会成员平均具有的信仰和感情的总和，构成了他们自身明确的生活观，我们

---

① 郭景萍：《法律情感逻辑形成、运行与功能的三维机制》，《社会科学研究》2013 年第 1 期。

② 王铭铭：《西方人类学名著提要》，江西人民出版社 2004 年版，第 240 页。

③ ［奥］弗洛伊德：《精神分析新论》，郭本禹译，译林出版社 2014 年版，第 55 页。

④ ［美］修斯、克雷勒：《社会学和我们》，周杨、邱文平译，上海社会科学院出版社 2008 年版，第 76 页。

⑤ Mol，Hans，*Identity and the Sacred：A Sketch for a new Social - scientific Theory of Religion*，New York：The Free Press，1976，p. 65.

可以称之为集体意识或共同意识”[①]。是社会成员之间通过交往、协商与承认，进而形成较为稳定的、相对一致的信仰、理念和行为实践取向的过程。法治个体认同是法治社会认同形成的基础，反过来，法治社会认同又进一步促进法治的个体认同。比较而言，法治社会认同尤为重要，只有更多的社会成员认同法治、将法治奉为共同价值观念，才能进一步促使全社会信仰法治。

（二）理性选择

社会成员在认同法治的基础上，并非一定要选择法治和信仰法治。是否选择法治、信仰法治还需要依据社会成员自身的理性，“理性乃是人用智识理解和应对现实的（有限）能力”[②]。有论者认为，“人的理性在于他在各项利益的比较中选择自我的最大利益，以最小的牺牲满足自己的最大需要。”[③] 强调人类活动是基于理性的计算。有论者基于对信任的研究指出，理性除了基于经济利益的考量还包括“社交、认同与权力的目的”[④] 等社会性利益。在面临个人自由与集体行动的困境时，应当“把经济现象放到政治体制、文化传统和风俗习惯等广阔的领域中考察”[⑤]，也即应该基于“个人的社会行动”[⑥] 考察人们的行动目的，社会成员是否选择法治也是基于行动目

---

① ［法］涂尔干：《社会分工论》，渠东译，生活·读书·新知三联书店 2000 年版，第 42 页。

② ［美］博登海默：《法理学：法律哲学与法律方法》，邓正来译，中国政法大学出版社 1999 年版，第 454 页。

③ 丘海雄、张应祥：《理性选择理论述评》，《中山大学学报》（社会科学版）1998 年第 1 期。

④ ［美］格兰诺维特：《镶嵌：社会网与经济行动》，罗家德译，社会科学文献出版社 2007 年版，第 30—31 页。

⑤ ［英］哈耶克：《致命的自负》，冯克利等译，中国社会科学出版社 2000 年版，第 157 页。

⑥ 徐琴、姜莹莹：《理性选择与社会信任：迈向经济学和社会学的新综合》，《南京大学学报》（哲学·人文科学·社会科学）2009 年第 2 期。

的是否能够得到满足的考量和计算。“社会规范实际上就是已经形成的社会认同标准，它可以外在于行为人，使行为人为获得认同而遵守它，也可以内化于行为人的目标追求中，行为人自觉地遵守它。”[①]社会成员总是从需要出发来考量，是否应该认同、选择、信任以至于信仰法治。“任何人如果不是同时为了自己的某种需要和为了这种需要的器官做事，他就什么也不能做。”[②] 社会成员需要的日益增长与满足之间的矛盾是人世间永久的矛盾。从信仰的客体法治角度而言，问题的重点不在于是否该需要法治，而是需要什么样的法治和如何满足社会成员对法治的需要。

法治既具有工具理性，又具有价值理性。工具理性体现在法治作为一种社会治理工具，法律要成为全社会的权威。社会成员要对法律形成一种尊重、依赖和顺从，如有违反将受到法律的惩处。法治如同人类早期信仰的禁忌，是“社会约束和义务的体系。它是整个社会秩序的基石。社会体系中没有哪个方面不是靠特殊的禁忌来调节和管理的”[③]。法治价值理性强调的不仅是社会成员的尊重、依赖和顺从，而且是要以法治为引领实现个人的利益价值和社会的理想价值。法治也正是基于能够满足和实现社会成员合法权利的需要，才成为法治信仰主体选择的价值基础。“‘法’和‘法治’不仅是人的理性选择的结果，而且也成为了塑造人自身的重要生活标准之一。”[④] 法治的价值所在，不仅仅指向社会成员个人合法权利的广泛享有与保障，其更高指向是形成一种法治治理秩序，是凸显公共利

① 魏建：《理性选择理论与法经济学的发展》，《中国社会科学》2002 年第 1 期。
② 《马克思恩格斯全集》（第 3 卷），人民出版社 1960 年版，第 286 页。
③ ［德］卡西尔：《人论》，甘阳译，西苑出版社 2003 年版，第 151 页。
④ 姚建宗：《法治思语》，法律出版社 2014 年版，第 1 页。

益和社会利益的实现，强调全体社会成员民生福祉的增进。

正是基于需要，社会成员才会选择法治、信仰法治，需要是法治、法治信仰产生的源头。社会成员选择法治的动因是需要的满足，但是，对法治需要的实现并非取决于自我需要本身，而是需要通过法治价值的实现，引领社会成员对超出自我价值利益实现的精神追求。“法典就是人民自由的圣经。”① 法治能够“指导一个自由而有智慧的人去追求他的正当利益，……法律的目的不是废除或限制自由，而是保护和扩大自由。”② 实际上，法治在规范社会成员行为实践方式时，也必定是将法治的价值理想浸润或超越于实现社会成员个人利益的局限，既然法治能够实现个人合法权利的保障与享有，也必定能够实现其他社会成员合法利益的增进。所谓“世界不会满足人，人决心以自己的行动来改变世界”③。也正体现了社会成员选择法治、践行法治的真谛所在。

从国家推进全面依法治国方略和法治中国建设的意义而言，选择法治自然是国家进行社会治理，形成法治秩序的一种工具和手段，社会成员是“基于外在压力的法律服从”④。但是，从社会成员的角度来看，法治的工具理性体现在选择法治是因为法治是实现社会成员自身利益的必要手段。也即强调法治对于社会成员而言所具有的有效性和实用性，选择法治是基于社会成员理性的计算和利益最大

---

① 《马克思恩格斯全集》（第1卷），人民出版社1956年版，第71页。

② ［英］洛克：《政府论》（下篇），叶启芳、瞿菊农译，商务印书馆1964年版，第35页。

③ 《列宁专题文集　论辩证唯物主义和历史唯物主义》，人民出版社2009年版，第138页。

④ 冯仕政：《法社会学：法律服从与法律正义——关于中国人法律意识的实证研究》，《江海学刊》2003年第4期。

化的考量。社会成员选择法治源于相信“法律应该最大化满足现存的需求与利益”①，“人们奋斗所争取的一切，都同他们的利益有关。”② 社会成员能够享有广泛的权利、享受更好的生活、获得更大的幸福，既是法律的合法性基础又是社会成员选择法治的原因。社会成员是否认同法治、选择法治在于法治所具有的工具性理性，在于法治能够满足社会成员的现实需求与利益。法治工具理性的逻辑是：法治如若能够满足社会成员的现实需求与利益则选择，如若不能满足则弃之不用。社会成员选择法治是基于法治有效性和实用性的考量，法治的有效性与实用性离不开社会成员的主观判断，更离不开社会成员的法治体验与实践。通过对法治的体验与实践，社会成员对法治的实际有效性和实用性加以检验，以确定是否认同、是否选择法治，法治的工具理性是社会成员选择法治、服从法律的“心理动因”③ 之一。

工具理性是社会成员的实践逻辑基础，社会成员会基于个人的理性进行判断、甄别、对比、权衡与计算决定是否选择法治。“如果法律不能充分解决由社会和经济的迅速变化所带来的新型的争端，人们就会不再把法律当作社会组织的一个工具加以依赖。”④ 因此，在具体行为实践中，社会成员不仅要考察法治的有效性与实用性，还会基于理性比较法律规范和其他社会规范，究竟哪种社会规范更

---

① ［美］萨默斯：《美国实用工具主义法学》，柯华庆译，中国法制出版社 2010 年版，第 35 页。

② 《马克思恩格斯全集》（第 1 卷），人民出版社 1956 年版，第 82 页。

③ 冯仕政：《法社会学：法律服从与法律正义——关于中国人法律意识的实证研究》，《江海学刊》2003 年第 4 期。

④ ［美］德沃金：《认真对待权利》，信春鹰、吴玉章译，中国大百科全书出版社 1998 年版，第 2 页。

具有实用性。从法治的实施角度而言，如若其他社会规范对某类具体行为规制更有实效，便会产生诸如道德法律化的综合现象，以此构建法治的实用性和有效性。能够更好地丰富、充盈法治的工具价值，从而促使更多的社会成员认同法治进而选择法治。

法治的价值理性，是从法治所承载的价值意蕴或者说法治文化的角度进行讨论的。法治作为一个群体与社会共享或者“共同承认的价值观和意义体系”①，强调法治内在的正义或正当，即作为共同价值观的法治对社会成员的重要意义。“法治信仰，信的不是法律本身，而是法律背后的要素，如正义、公平、平等等价值理念。”② 法治作为一种价值观和文化，是社会成员的内化机制；同时，法律作为一种社会规范，也是社会成员的控制机制。因此，法治作为价值观或信仰，是法治秩序生成的基础和前提。社会成员对法治的信仰程度，取决于社会成员对法律规范、法治实施以及法治所带来的价值的认知程度和认同程度。社会成员形成的法治认知和法治认同程度，是其在具体的行为实践中是否选择法治的前提。从社会成员的角度而言，形成法治认知并不意味着认同法治，可能仅仅是社会成员对法治知识的一种认知和了解，作为个体的社会成员，由于其学历、年龄、职业以及性别的差异会形成不同的法治认知。强调在法治的价值理性中，社会成员形成“所共享的法律文化”③ 或者说共同的法治价值观，也即形成法治社会认同，对社会成员的行为选择意义更为重要。

---

① ［美］波普诺：《社会学》（上），刘云德、王戈译，辽宁人民出版社 1987 年版，第 97 页。

② 张永和、孟庆涛：《法治信仰形成路径探析》，《人民论坛》2013 年第 14 期。

③ ［美］弗里德曼：《法律制度——从社会科学角度观察》，李琼英、林欣译，中国政法大学出版社 1994 年版，第 264 页。

除了法治的认知、认同与需要，社会成员对法治的选择是一个实践的过程。社会成员只有在社会实践中，体悟到法治所带来的利益感受和价值体验，才会促使社会成员进一步去选择法治和践行法治。当然，社会成员选择法治，也并不必然意味着需要亲自参加实践。社会成员对法律的遵守、依赖与选择，还可以通过“效仿那些据其所知更加了解法律的人的行为模式”[①]，以影响更多的人形成法治认同，使更多的社会成员遵守法律、依赖法治、选择法治。他人选择法治，我也选择；反之，他人不选择法治，我也不选择。可以说，是否选择法治也是社会成员效仿或从众的心理表达。如果社会成员都不选择或者很少选择法治，则说明作为共同价值观念的法治或者说为社会所共享的法治文化尚未形成。越多的社会成员选择法治，说明社会成员对法律产生信任会形成一种扩散效应，一旦社会成员将法治凝聚成共享的法治文化或者法治价值观，便会形成一种坚固的法治文化力。法治文化力“对于各种社会角色，既影响人们去信任的决心，也影响人们达到信任的要求或很多行动者相互给予或达到信任的要求的决心”[②]。通过法治文化力的规范和引领，进而促使更多的社会成员认同法治、信任法治、选择法治。

（三）社会整合

理性选择是社会成员信仰法治的重要心理基础，但是，法治的工具理性内含着社会成员选择法治具有的不确定性，体现着一种机会主义。将法治作为满足社会成员需求与利益实现的工具并非能直接生成法治信仰，而是达致法治信仰生成的因素之一。从文化的意

---

① ［美］富勒：《法律的道德性》，商务印书馆2009年版，第61页。

② ［波兰］什托姆普卡：《信任：一种社会学理论》，程胜利译，中华书局2005年版，第90页。

义而言，整合的概念“具有主体文化对非主体文化的选择、淘汰、改变的机制”[①]。强调“如何能在现代社会中通过价值来整合个体化社会”[②]，这种价值可以理解为共同的道德、情感与信仰。社会整合是“把个体结合在一起的社会纽带，是一种建立在共同情感、道德、信仰或价值观基础上的个体与个体、个体与群体、群体与群体之间的，以结合或吸引为特征的联系状态”[③]。“社会整合的基础是社会成员在最基本的集体意识上的一致性。”[④] 由此可知，倘若一个国家或社会中的社会成员拥有共同的价值观或信仰的人数越多，价值观或信仰作为集体意识，其控制力量和整合功能就越强。

消除法治工具理性的不确定性，使多数社会成员拥有共同的法治价值观或者说生成法治信仰，可以通过社会整合予以实现。“一个没有共同信仰的社会，就根本无法存在，因为没有共同的思想，就不会有共同的行动，这时虽有人存在，但构不成社会。”[⑤] 一方面，需要通过作为工具的法治的有效性和实用性，吸引社会成员认同法治、选择法治。另一方面，还需要通过法治的有效性与实用性，来构建法治文化、形成法治价值观，使法治成为社会成员行动的自觉。此时，法治的工具价值就显得尤为重要，一旦法治缺少应有的有效性与实用性，社会成员便难以形成法治认同并选择法治，整体的法治价值观和法治信仰便难以生成。强调法治的社会整合，其实质是

① 徐洪兴：《思想的转型：理学发生过程研究》，上海人民出版社 2016 年版，第 56 页。

② ［德］贝克、格恩斯海姆：《个体化》，李荣山等译，北京大学出版社 2011 年版，第 16 页。

③ 贾春增：《外国社会学史》（第三版），中国人民大学出版社 2008 年版，第 116 页。

④ 岳天明：《基于道德基础的社会整合——涂尔干的社会理论及当代中国社会意义》，《华东理工大学学报》（社会科学版）2014 年第 2 期。

⑤ ［法］托克维尔：《论美国的民主》（下卷），董果良译，商务印书馆 2013 年版，第 575 页。

要突出法治价值理性的意义与功能。如果一味地强调法治的工具价值或者说选择法治是基于社会成员个体的需求与利益，那么也就无法解释理性选择对于社会成员共同价值观念的形成意义，以及社会成员集体行动一致性或者可能性。正如传统儒家的“三纲五常”“德主刑辅”之法成为当时社会成员的共同价值观，成为全社会共同遵循的价值文化，社会成员依凭传统德治文化力的引领与约束，从而形成了礼治治理秩序。“文化并非是无法改变的原始力量，而是由政治和历史的进程持续不断的塑造的东西。”① 可以通过塑造、建构共同的法治价值观或者说法治信仰，即通过法治的价值理性以祛除法治工具理性的所具有的不确定性。

虽然社会成员满足个人的需求与利益的目标是外生的，是否选择法治予以实现也是基于个人的理性计算与考量。但是，如若社会成员基于法治的社会认同或者说基于法治的价值理性而选择法治，也即当法治成为整体社会的价值观或信仰时，选择法治便成为社会成员行动的自觉。其行动目的则不仅仅是为了满足个人的需求与利益，而是基于社会利益或者公共利益的满足以更好地实现自我利益。不同社会成员在“利益差别之外或之上总有共同利益，在多元价值诉求中总有共同的价值追求。”② “当一向到处声张的私人利益不再喧嚣或者同公共利益结合在一起时，所有人都情愿遵守提出的契约和条件。”③ 法治在推行和实践的过程中，其本身也“有利于实现社

① Fukuyama, F., *Trust: The Social Virtues and the Creation of Propresity*, New York: Free Press, 1995, p. 211.

② 廖小平：《价值观的分化、整合与核心价值体系建设》，《道德与文明》2013 年第 4 期。

③ ［意］贝卡里亚：《论犯罪与刑罚》，黄风译，中国方正出版社 2004 年版，第 63 页。

会价值的整合和统一”[①]。法治的社会整合凸显的是法治的人权保障、公平与正义、秩序与幸福等内在价值的整合意义，强调的是法治的价值理性。实质而言社会成员依法治的价值理性选择法治，也是基于理性的计算与考量，也是一种基于理性的选择。法治的社会整合或者说价值理性，能够促使社会成员对法治公正、平等、秩序与幸福等“法的价值共识”[②] 形成一致性与确定性，其核心在于确立“保障公民权利”[③] 的价值取向。法治的社会整合能够促进“法治文化的价值认同，则是对民主和法治这个好东西的价值体认”[④]。使共同的法治价值观“成为‘法治中国’建设的精神动力和方向指引”[⑤]。如此，越来越多的社会成员拥有或者共享法治的价值观，法治文化的社会整合力量就越强，就越能够促进更多的社会成员选择法治进而信仰法治。

法治信仰的生成并非只是强调社会成员的内化于心，更为重要的是外显于行。在具体的社会实践中依凭法治信仰的指引，使选择法治、践行法治成为社会成员行动的自觉。“法治的运行，如果没有主体意识上的自觉，那么就可能导致对法治认识的误区和法律工具主义的盛行，从而使法治建设无法正常进行。”[⑥] 社会成员在具体的社会实践中，能够主动地选择法治捍卫和保障自我基本权利的实现；

---

① 叶传星：《法治的社会功能》，《法律科学》（西北政法学院学报）2003 年第 5 期。

② 张骐：《论法的价值共识——对当代中国法治进程中一个悖论的解决尝试》，《法制与社会发展》2001 年第 5 期。

③ 杨春福：《保障公民权利——中国法治化进程的价值取向》，《中国法学》2002 年第 6 期。

④ 龚廷泰：《法治文化的认同：概念、意义、机理与路径》，《法制与社会发展》2014 年第 4 期。

⑤ 马长山：《“全面推进依法治国”需要重建法治价值观》，《国家检察官学院学报》2015 年第 1 期。

⑥ 柯卫：《当代中国法治的主体基础》，法律出版社 2007 年版，第 284 页。

在具体的社会实践中，能够自觉地同法治相悖的现象或事件予以批判甚至是斗争；在具体的社会实践中，能够积极地以合法、合理的方式，切实参与到法治实施的立法、行政、司法、监督等诸多环节中去，才能真正捍卫法治的自由、公正、平等、秩序、幸福等内在价值，才是社会成员法治信仰固化、坚定的完美表现。只有社会成员依循法治的目的与要求进行具体的社会实践，真正做到知行合一，使法治成为个体行动的自觉，法治信仰在社会成员的心中才真正得以生成、落地生根、坚不可摧。

二　法治信仰的外生机制

法治信仰的内生机制是社会成员基于自身对法治的需要，经过认同、选择以及整合等环节将法治内化于心并外显于行的过程，更多的是强调社会成员自身的主动性、积极性与自觉性。法治信仰的外生机制强调促进法治信仰生成的外力作用，主要依靠法治教育这一外部因素的作用影响。诚然，法治信仰的外生机制最终要靠法治信仰的内生机制才能发挥作用，但是，外生机制的催化、影响功能也不容小觑。与西方自然生长的现代法治不同，中华人民共和国的发展具有后发内生的特质，中国的法治本身就是国家建构的过程。因此，将法治的观念与要求自国家层面向社会层面传递、扩散与转化，塑造与建构法治信仰自然也脱离不开国家自上而下的强力作用。法治教育作为外生机制是社会成员法治信仰生成的基本路径，“培育公民规范意识，形成公民法治信仰”[①] 是国家推行法治教育的目标。

---

① 张晓燕：《国家治理背景下的公民身份及法治教育》，《云南师范大学学报》（哲学社会科学版）2015 年第 5 期。

法治信仰的生成社会成员的主观自发性是主因，然而，社会成员并非天生就有信仰法治的品格，法治信仰“如果没有灌输这种社会性的相互作用过程便得不到产生”[①]。

我国的法治教育是由“法制教育”即器物层面起步的，这与我国的现实国情与法治传统有关，既缺乏西方自然生长现代法治传统，又缺少“法制”。中华人民共和国成立以来，抓“法制”建设成为我国法治建设的重要工作，直到2011年3月十一届全国人大四次会议才宣告中国特色社会主义法律体系已经形成。1980年12月，邓小平在中央工作会议上作题为“贯彻调整方针，保证安定团结”的报告指出：“在党政机关、军队、企业、学校和全体人民中，都必须加强纪律教育和法制教育。”[②] 成为我国“法制教育”启蒙的指导思想。随后，1982年9月，党的十二大报告强调“要在全体人民中间反复地进行法制的宣传教育，从小学起各级学校都要设置有关法制教育的课程，努力使每个公民都知法守法”[③]。“法制教育”的重点和目的在于法律法规以及法律基本常识的宣传与普及。

我国推行法治教育的重点，是五年一次的普法教育活动。1985年11月，《关于在公民中普及法律常识的决定》开启了“一五”普法的序幕。历次的五年普法都侧重公民基本法律知识和常识的普及，“与公民工作、生活等密切相关的法律知识均为重要的普法内容”[④]，

---

① ［日］川岛武宜：《现代化与法》，王志安等译，中国政法大学出版社2004年版，第76页。

② 《邓小平文选》（第2卷），人民出版社1994年版，第360页。

③ 中共中央文献研究室编：《十一届三中全会以来重要文献选读》（上册），人民出版社1987年版，第494页。

④ 付子堂、肖武：《普法的逻辑展开——基于30年普法活动的反思与展望》，《社会科学战线》2017年第6期。

其目的在于“使民守法”[①]。但是，知法不代表社会成员尊法、守法，更不代表社会成员用法、奉法和信法。于是，自“三五”普法开始，法治教育便从法制的“器物教育”启蒙转向法治的“意识教育”启蒙。

“三五”普法时，提出要坚持“学法”与“用法”的结合，强调社会成员要依法维护自身合法权益；“四五”普法在“三五”普法的基础上，提出要注重社会成员民主监督和民主参与意识的提高；“五五”普法在“四五”普法的基础上，进一步提出要加强法律权威，突出要形成守法、尚法、依法办事的社会风尚；“六五”普法在“五五”普法的基础上，更为具体地指出要通过法制宣传教育弘扬社会主义法治精神；“七五”普法更是一改前六次普法的“法制宣传教育”为“法治宣传教育”，不仅实现了“治”的超越，还提出要通过“法治宣传教育”使社会成员真诚地信仰法律，努力培育全社会的法治信仰，充分体现出我国法治教育从“器物教育”到“意识教育”的逐层推进、由浅至深、量变到质变的升华。

“加强法制重要的是进行教育，根本问题是教育人。”[②] 要促使社会成员知法、守法，促进法治治理秩序的形成；还要强调全民“共同讲法治”[③]，“让人民掌握法律”[④] 和法治。一方面，法治教育能够深化社会成员的法治认知。通过法治教育不仅可以使社会成员了解、熟悉甚至是掌握基本的法律知识和常识，还可以形成对法治

---

① 赵天宝：《中国普法三十年（1986—2016）的困顿与超越》，《环球法律评论》2017年第4期。

② 《邓小平文选》（第3卷），人民出版社1993年版，第163页。

③ 凌斌：《法治的中国道路》，北京大学出版社2013年版，第157页。

④ 朱力宇：《彭真民主法制思想研究》，中国人民大学出版社1999年版，第119页。

实施的立法、执法、司法诸环节合法性的理性认知，更为重要的是能够形成对法治所承载的自由、人权、公平、正义、秩序、幸福等内在价值的认知，这种法治认知的逐步形成与深化，会进一步促使社会成员认同法治、选择法治进而信仰法治。

另一方面，法治教育有助于促进社会成员形成法治共识。通过法治宣传教育能够达成施教者与受教者对法律现象认识和理解的一致性，无论是民主立法、还是依法行政、抑或是公正司法，都凝聚着社会成员的规范性期望。其目的是“渐次引导民众将自身的行为嵌入法律秩序的轨道”①，使法律权威至上、全体公民遵法守法，成为社会成员的法治共识。每一次的严格执法和司法公正，都是维护广大人民最广泛的合法权利、都是对违法犯罪活动惩处和制裁的最好诠释。通过法治教育的传递和扩散效应，进而促进社会成员法治共识的形成。

再有，法治教育有助于社会成员法治信仰的生成。“教育的本质就是塑造和建构信仰”②。法治教育的过程本身也是弘扬法治价值观、法治文化的过程。法治信仰的生成，不仅仅体现在法治价值观从国家到社会层面纵向的弘扬和强化，还体现在不同社会成员之间横向的传递与扩散，特别是国家领导干部“关键少数人”和“法律人”的学法、尊法、守法、用法、护法、信法，对社会公众认同法治、选择法治、信仰法律进而树立法治信仰具有良好的示范效应、教育价值和引领意义。

---

① 赵天宝：《中国普法三十年（1986—2016）的困顿与超越》，《环球法律评论》2017年第4期。

② 张琳：《现代性的信仰困境与信仰塑造》，博士学位论文，复旦大学，2012年。

第五章 法治信仰的建构路径

在我国，法治信仰的生成是法治国家和法治社会双向建构的过程。法治中国的建成依赖于法治社会的形成，而法治社会形成的前提在于社会成员须以法治作为“共同信仰”[①]，法治社会是“一个信仰法治并依法治理的社会”[②]。从结构功能主义来看，法治信仰的结构是由作为信仰主体的所有社会成员和作为信仰客体的中国特色社会主义法治所组成的系统。作为信仰主体的社会成员可以分为领导干部“关键少数人”“法律人”和“社会公众”等结构，作为信仰客体的法治内含着法律规范体系、法治实施体系等诸多要素，法治信仰的实现需要社会成员和法治的互构。法治信仰主客体之间具有二重性，法治作为客体对于信仰主体而言，具有规范之意和共识之意。同时，作为信仰主体的社会成员对客体法治又具有能动性。法治和法治信仰的产生源自于信仰主体的行为实践，即法治信仰主客体以及法治信仰主体之间的互动与互构。因此，优化法治信仰主体的品格和提升法治信仰客体的品质便成为法治信仰具体建

---

① ［法］托克维尔:《论美国的民主》（下卷），董果良译，商务印书馆 2013 年版，第 575 页。

② 公丕祥:《当代中国的法治现代化》，法律出版社 2017 年版，第 156 页。

构的核心元素。

第一节 优化信仰主体的品格

突出法治信仰的具体建构，意义在于促进法治社会的形成。同时，法治社会的形成，也有助于社会成员法治信仰的固化。无论是法治信仰的建构，还是法治社会的形成都离不开社会成员的优良品格。法治信仰主体品格的优化，应该从社会成员法治主体意识的树立、法治主体地位的强化、法治主体能力的培育以及法治教育的加强等四个方面加以分析和讨论。

一 树立主体意识：品格优化的前提

建构或者培育法治信仰、优化法治信仰主体的品格，重点之一是社会成员法治主体意识的树立。从根本上来说，全面依法治国的推进程度和社会主义法治国家的建成，要受制于全体社会成员的法治素质与能力；社会成员的法治素质与能力，则要受制于社会成员法治主体意识的树立。主体意识强调社会成员对自身主体地位和主体能力的自觉认识和把握，突出人的主体性，"重点是主体对自己在不同方面权利与责任的体认"①。强调的是社会成员在依法治国中的主体地位，"法治的主体是人民"②。即对自我作为法治主体的一种内心确认，是社会成员在具体的法治实践中所具有的能动性和自主

① 张丽清：《主体意识、价值观念与公民素质》，《学术交流》2011 年第 6 期。
② 张文显：《法哲学范畴研究》，中国政法大学出版社 2001 年版，第 158 页。

性的观念表达。法治主体意识作为一种社会意识，其生长发育无论是对法治信仰的培育，还是对法治社会的建设都具有积极作用。推进法治信仰的建构，需要树立社会成员的法治主体意识。具体体现在：

首先，是社会成员的权利意识。权利意识不仅是社会成员对自我和他人所拥有的法定权利的认知与了解，还体现在社会成员对自我应当享有权利的主动确认、主张和要求。只有社会成员充分地享有广泛的合法权利，才能真正从内心意识到自己的主体地位，才能形成自主的权利意识。权利意识是社会成员形成其他主体意识的前提和基础，只有基于权利意识，才能形成责任、平等、参与等其他主体意识，才会产生主动参与法治实践的理念。社会成员如若缺乏一定的权利意识，既难以主动维护和捍卫自我的法定权利，更难以主张和要求自我的应有权利。权利意识并非仅指对个人权利认知、了解和主张以及对他人同等权利的尊重、确认和要求，即“个人的行动只要不涉及自身以外什么人的利害，个人就不必向社会负责交代”①。还指以强调社会本位为基础的“公共利益和社会利益”②，即对公共权利的认知、维护与要求，其实质并非与个人权利相斥而是个人权利的扩展与延伸，即使是斗争也是“为了实现具体的权利”③。权利是法律与法治的核心内容，是“国家权力配置和运作的目的和界限”④，“权利意识是构建法治国家的观念基础，普遍的公民权利意识是法治化进程的重要推动力”⑤。一个社会的成员如若没

① ［英］密尔：《论自由》，许宝骙译，商务印书馆 2015 年版，第 112 页。
② ［美］庞德：《通过法律的社会控制》，沈宗灵译，商务印书馆 2010 年版，第 69 页。
③ ［德］耶林：《为权利而斗争》，郑永流译，商务印书馆 2016 年版，第 4 页。
④ 张文显：《二十世纪西方法哲学思潮研究》，法律出版社 2006 年版，第 427 页。
⑤ 吴斌：《我国公民权利意识现状述评》，《云南社会科学》2009 年第 3 期。

有权利意识，自然不利于法治社会的建设和法治信仰的形成；而法治的目的在于“实现公民的权利”[①]。因此，社会成员的权利能否得以实现和保障，便成为其质疑、评价、认同、选择、信任乃至信仰法治的基准。树立社会成员的法治主体意识，首先必须重视对社会成员权利意识的启蒙与培育。

其次，是社会成员的责任意识。“责任，即一个人的资格（包括作为人的资格和作为角色的资格）和能力所赋予，并与此相适应的完成某些任务或从事某些活动以及承担相应后果的各方面的要求。”[②]作为法治的主体社会成员，其权利享有与责任担当是相统一的。“没有权利意识也不可能有责任意识”[③]，拥有责任意识也是社会成员作为法治主体的表征。社会成员对法治的责任意识，不但体现在作为个体的社会成员其合法权利享有与义务承担的一致性，如若违法犯罪需要承担相应法律责任的意识；还承载着其作为社会主体对法治运行的主动认识与评价，法治国家、法治政府与法治社会的一体建设是其分内责任与义务的理念。厉行法治、维护法治、坚守法治是社会主体的一种内心自觉，全面依法治国的推进不只是国家和政府的责任。从法治主体的构成角度而言，首先应该强调的是领导干部“关键少数人”和“法律人”的社会责任。作为法治中国建设的领头羊必须强化其法治责任意识，而其次才是社会公众责任意识的培育和生长。从法治中国建设的推进意义而言，守法当属全体社会成员的共同责任，科学立法、依法行政、严格执法和公正司法，则更

① 刘文、吕世伦：《论权利意识与法治》，《北方论丛》2004 年第 1 期。

② 陶林：《自由与责任——兼论责任意识的养成》，《社会科学战线》2012 年第 1 期。

③ 蒋传光：《公民社会与社会转型中法治秩序的构建——以公民责任意识为视角》，《求是学刊》2009 年第 1 期。

多的是领导干部“关键少数人”和“法律人”的责任。强调责任意识的培育，不仅能够为法治中国建设的推进提供优质的社会主体，还能够为法治秩序的形成提供优质的“公共责任信念”[①] 或者说“公共精神”[②]，更为法治信仰的建构提供了优质的主体条件，这是推进法治中国建设应有的题中之义和内在要求。

再次，是社会成员的平等意识。“平等是指一个人在政治、经济地位，及基于此在程度、价值、质量、性质、能力与他人相等的状态。”[③] 强调主体之间“处于同样的、相同的或相似的状态”[④]。从法学的视角来看，平等意识是指社会成员在法律面前人人平等的内心确认，是“人在实践领域中对自身的意识，也就是人们意识到别人是和自己平等的人，人把别人当作和自己平等的人来对待”[⑤]。这意味着社会成员对平等的认知、主张与追求。由于法律是党领导人民制定的，所以平等既包括社会成员在“立法、执法、司法和守法”[⑥] 面前的人人平等，也包括社会主体“在适用法律上一律平等”[⑦]。“平等的命题是说不应该存在任何特权”[⑧]，是对特权的反对与排斥。社会成员不仅应当在政治、经济、文化等领域形成享有平等地权利意识，还要认识到法治必须平等地保护每个社会成员的法定权利，不能因为身份或者阶层的不平等而有所差异。社会成员的平等意识

---

① 胡艳蕾：《论公民公共责任意识培育机制的路径建构——基于民主心灵习性的理论视角》，《武汉大学学报》（哲学社会科学版）2013 年第 3 期。

② 郑小霞：《如何培育公民的责任担当意识》，《人民论坛》2018 年第 17 期。

③ 张永和：《中国大众平等观念评析》，《中国法学》2015 年第 4 期。

④ ［美］萨托利：《民主新论》，冯克利、阎克文译，东方出版社 1998 年版，第 381 页。

⑤ 《马克思恩格斯全集》（第 2 卷），人民出版社 1957 年版，第 48 页。

⑥ 周尚君：《平等话语流变考》，《思想战线》2015 年第 2 期。

⑦ 周尚君：《平等话语流变考》，《思想战线》2015 年第 2 期。

⑧ 《马克思恩格斯文集》（第 9 卷），人民出版社 2009 年版，第 353 页。

不仅意味着其自身的自主性与独立性，还意味着社会成员对不平等的质疑、批判甚至是挑战。社会成员的法治主体意识理应包括平等意识，这不仅体现在社会成员应当平等地享有政治、经济和文化权利，还体现在社会成员应当在法治实践中享有平等的参与权和话语权。此外，平等意识还应当包括社会成员在就业、医疗、教育等方面的机会平等，以及在收入分配、慈善救助等福利分配方面的保障平等。平等意识是社会成员参与公共事务、践行法治的主体性条件之一，任何人的违法犯罪都要受到制裁，任何组织和个人不得有超越宪法法律的特权，既是人民民主的体现，也是社会主义法治的基本要求，也为“社会公平、社会公正奠定了可行的主体基础”①。社会成员拥有平等意识，对于社会主义法治建设和法治信仰的形成而言具有无法替代的价值意义。

最后，是社会成员的参与意识。“全面推进依法治国需要全社会共同参与”②，既说明了参与意识是社会成员的法治主体意识之一，又说明缺乏社会成员参与的法治中国建设注定不会成功。参与意识，是指社会成员积极、主动参与法治运行所应具有的主体意识。参与既是社会成员作为法治主体的一种权利，又是社会成员作为法治主体的一种责任。社会成员的参与意识，不仅是其作为法治主体对法律规范的一种内心明晰和确认，也是法治主体对法治实践相关程序的一种理性体认，还是法治主体对参与法治实践自主意愿态度的表达。社会成员的参与意识是其主动地、积极地主张和维护自我权利，以及作为主体的法治实践在观念中的反映。参与态度积极主动的社

① 胡玉鸿：《平等概念的法理思考》，《求是学刊》2008年第3期。

② 中共中央文献研究室编：《习近平关于全面依法治国论述摘编》，中央文献出版社2015年版，第90页。

会成员不仅“具有较高的法治意识”[①]，作为法治主体通过对立法，特别是法治实施的积极参与，还能够增进其对法治的信任感、依赖感、认同感与获得感。同时还会形成法治并非仅仅是领导干部“关键少数人”和“法律人”的事业，而是所有社会成员共同事业的主体性认知。领导干部“关键少数人”和“法律人”不仅应该带头学法、懂法，还应该带头守法、用法和护法，应当具有领先社会公众参与法治、厉行法治的意识。社会公众的参与意识，不仅意味着对法治的程序性和透明性有所要求，还意味着其对知情权、选择权以及监督权的主体性观念表达。全体社会成员参与意识的提升意味着其对自身作为法治主体的内心确认，不仅有助于“法治的增进”[②]，更有助于切实推进中国的民主法治化进程。

二　强化主体地位：品格优化的保障

坚持人民的主体地位，“人民是依法治国的主体和力量源泉”[③]，充分表明法治建设不仅是领导干部“关键少数人”和“法律人”的职责所在，还要突出和强调社会公众在推进全面依法治国过程中所具有的主体地位，尊重和培养社会公众的法治主体性。强化全体社会成员的法治主体地位，要突出以人为本而非以官为本，凸显法治是为了“每个人的自由发展，是一切人的自由发展的条件”[④]。落实

---

① 张善根、李峰：《法治视野下公民公共参与意识的多因素分析——基于上海数据的实证研究》，《北方法学》2015年第2期。

② 张善根、李峰：《法治视野下公民公共参与意识的多因素分析——基于上海数据的实证研究》，《北方法学》2015年第2期。

③ 中共中央宣传部编：《习近平新时代中国特色社会主义思想学习纲要》，学习出版社、人民出版社2019年版，第98页。

④ 《马克思恩格斯文集》（第2卷），人民出版社2009年版，第53页。

以人为本既要体现的是作为个体的社会成员，其合法基本权利的有效实现和保障；还要体现的是作为群体或整体的人民，其社会权利或者说公共权利的增进和延展。当前，国家权力属于人民、国家尊重和保障人权已载入宪法，充分说明个人权利的实现是国家权力的基础，社会成员的主体地位必然内在地要求践行法治。社会成员的基本权利和法治的主体地位，要通过法治的人权保障加以实现，缺失法治作为保障的主体地位无异于水中之月。要通过社会成员法治主体地位的强化、权利的实现与保障，将权力的恣意妄为和贪污腐败锁进制度的牢笼。

强化社会成员的法治主体地位要做到：其一，要推进人权保障法治化。要加大重点领域如社会、民生等领域的立法，切实增进人民的福祉，以充分体现社会成员的法治主体性。其二，要保障社会成员的法治监督。要拓展社会成员法治监督的有效渠道，保障社会成员对立法是否科学、执法是否依法、司法是否公正进行有效监督，这就要求法治实施过程的公开与透明，以展现社会成员的法治主体地位。其三，要推进民主法治化进程。保障社会成员的法治主体地位，实现人民当家作主，究其根本是要推进民主法治化。既要坚持人民代表大会、多党合作和政治协商、民族区域自治以及基层群众自治制度，还要将民主制度加以规范化、制度化、完善化和程序化。实现社会主体对民主“摸得着”“看得见”，使民主和法治具有坚实的民情基础。其四，要切实推进全民守法。守法并不仅仅意味着强制，它同时表达着权利的享有与义务的承担。任何社会成员和组织都必须在宪法和法律范围内活动，是对人民作为法治主体的必然要求。要形成全民守法、尊法、奉法的风尚，“最关键的还是公民要有主体的法治意识，即无论官员还是普通民众，都真诚地遵守、尊敬法律”①。领导干部“关键少数人”和“法律人”在推进依法治国中承担重要责任，要“带头依法办事，带头遵守法律，对宪法和法律保持敬畏之心”②。而其次才是强调“社会公众”的守法、奉法、用法、护法等法治的主体性。

三　培育主体能力：品格优化的根本

主体能力，又称人的能力，是指“作为主体完成一定活动所具有的本领或力量，与主体活动密切相关”③。培育社会成员的法治主体能力，既有助于法治主体意识的树立，又有助于法治主体地位的强化。“个人的充分发展又作为最大的生产力反作用于劳动生产力。”④ 社会成员法治主体能力的充分发展，是推进法治中国建设的最大的生产力。社会成员的法治主体能力越强，其法治主体意识就越强，法治主体地位就越高，建设社会主义法治国家的目标就越容易实现；反之，则其法治主体意识就越弱，法治主体地位也难以凸显，建设社会主义法治国家的目标就越难以达成。因此，优化信仰主体的品格、建构法治信仰，不仅要树立社会成员的法治主体意识、强化和巩固其法治主体地位，更要注重法治主体能力的培育。法治主体能力，是指社会成员作为法治主体对法治体系及其运行的参与、建设和驾驭的能力。社会成员的法治主体能力不仅包括法治主体意识能力，更多的是指法治主体的实践能力。

不同层次法治主体能力有所差异，对不同主体的法治能力要求

① 於兴中：《法治东西》，法律出版社 2015 年版，第 2 页。

② 中共中央文献研究室编：《习近平关于全面依法治国论述摘编》，中央文献出版社 2015 年版，第 110 页。

③ 于咏华：《论主体能力的全面发展》，《中国青年政治学院学报》2004 年第 4 期。

④ 《马克思恩格斯文集》（第 8 卷），人民出版社 2009 年版，第 203 页。

也不同。首先，全面依法治国的推进和法治中国的建设要率先抓住领导干部这一“关键少数人”。因此，作为法治主体的领导干部必须主动提高运用法治思维和法治方式以及依法办事的能力，这是其推进依法治国和法治中国建设的责任能力体现。这就要求各级领导干部不仅要带头守法、尊法，还要恪守职权法定、不能越权执法司法，也要注重法律程序、遵循程序正义，更要接受社会公众对其权力行使的有效监督。

其次，要提升社会主体的职业能力。提升社会主体的职业能力，要从两类不同主体来分析。第一类，要加强“法律人”的职业能力。“全面推进依法治国，建设一支德才兼备的高素质法治队伍至关重要。”[①] 这里重点包括从事立法、执法和司法的工作人员，做到科学立法、依法行政、公正司法和执法司法为民，要率先把这三支队伍建设好。这三支队伍不仅要加强对法律知识和法治理论的学习，要不断地总结立法执法司法经验、强化业务能力、实务技能与司法能力，在自身业务素质和职业能力提高的同时，还要加强职业道德修养，强调用道德约束自己。此外，广大律师也是法治中国建设的重要力量，拥护社会主义法治是广大律师从业的基本要求，广大律师要注重自身理论能力、业务能力以及职业素养的提升。第二类，要加强法科生的职业能力培养。其目的是为将来的法律职业储备和输送优秀的法治人才，在对法科生进行相关职业能力培育的同时要注重对其进行法治信仰教育。

---

① 中共中央文献研究室编：《习近平关于全面依法治国论述摘编》，中央文献出版社2015年版，第103页。

最后，要加强社会公众的参与能力。形成法治治理秩序，需要和依赖公众参与。树立社会公众的法治参与意识关键是要形成法治参与能力，将参与意识落实到参与法治实践的行动中来。社会公众参与能力的提升离不开法治主体意识的树立和法治主体地位的提高，社会公众法治参与能力的高低直接影响法治中国建设的质量与效能。社会公众的法治参与是以法治主体的身份，积极、主动、自觉地参与国家法治建设而并非消极、被动与强制地参与。社会公众的建议、表达、批评、控告、检举等基本参与权利已载入宪法，法治参与是宪法赋予社会公众的基本权利，是社会公众的一项实体性权利。社会公众参与是“法治运行的主体性力量”①，“法治社会的运行主体主要是社会组织和个体社会成员而不是公权力主体”②，社会公众的参与其实质是自下而上地推动法治社会和法治中国的建设。

社会公众参与不仅需要政府信息公开，扩大社会公众的知情权；还需要设计科学的参与程序和途径，也需要以“组织化的方式有序参与”③。社会的组织化是提升社会公众参与能力的有效途径，能够促进国家治理与公众自治的有效衔接。法治社会的建设需要“国家与社会的共治”④，需要发挥社会组织的作用。据《2017 年社会服务发展统计公报》和 2018—2020 年民政事业发展统计公报披露，截至 2020 年底，全国共有社会组织 89.4 万个。其中，社会团体 37.5 万个，各类公益基金会 8432 个，民办非企业单位 51.1 万个

① 李泽：《公民参与法律构成法治运行的主体性支撑》，《求索》2008 年第 1 期。
② 江必新、王红霞：《法治社会建设论纲》，《中国社会科学》2014 年第 1 期。
③ 王锡锌：《公众参与和中国法治变革的动力模式》，《法学家》2008 年第 6 期。
④ 江必新、王红霞：《法治社会建设论纲》，《中国社会科学》2014 年第 1 期。

（见表 5－1）。[①] 以 2020 年为例，全国的社会团体数、基金会数以及民办非企业单位数分别较 2019 年增长了 0.8%、10% 和 4.7%，我国的各类社会组织呈逐年递增态势。依据《社会团体登记管理条例》（2016 年修订）规定，[②] 我国公民自愿组织的社会团体，要接受相应政府部门的登记管理和监督管理。

表 5－1　　2010—2021 年我国社会组织情况统计

指标＼年份	2010	2011	2012	2013	2014	2015
社会团体（万个）	24.5	25.5	27.1	28.9	31	32.9
基金会（个）	2200	2614	3029	3549	4117	4784
民办非企业单位（万个）	19.8	20.4	22.5	25.5	29.2	32.9
合计（万个）	44.52	46.16	49.9	54.75	60.61	66.28
指标＼年份	2016	2017	2018	2019	2020	2021
社会团体（万个）	33.6	35.5	36.6	37.2	37.5	37.1
基金会（个）	5559	6307	7034	7585	8432	8877
民办非企业单位（万个）	36.1	40.0	44.4	48.7	51.1	52.2
合计（万个）	70.26	76.13	81.7	86.6	89.4	90.2

与西方社会自发形成的社会组织不同，中国社会组织的发育在很大程度上具有一定的依附性，依赖于政府的推动与主导。如此，

① 《2010—2021 年我国社会组织情况统计表》数据来源于《2017 年社会服务发展统计公报》《2018 年民政事业发展统计公报》、《2019 年民政事业发展统计公报》、《2020 年民政事业发展统计公报》、《2021 年民政事业发展统计公报》。

② 我国《社会团体登记管理条例》（2016 年修订）第六条规定："国务院民政部门和县级以上地方各级人民政府民政部门是本级人民政府的社会团体登记管理机关（以下简称登记管理机关）。国务院有关部门和县级以上地方各级人民政府有关部门、国务院或者县级以上地方各级人民政府授权的组织，是有关行业、学科或者业务范围内社会团体的业务主管单位（以下简称业务主管单位）。法律、行政法规对社会团体的监督管理另有规定的，依照有关法律、行政法规的规定执行。"

其自主性程度就相对弱一些。从加强社会治理的意义而言，“越是接近政府组织这一级的民间组织在治理上往往就显得较弱；反之，越是接近典型的民间组织的那些组织在治理上就显得较强。”[①] 因此，从培育和加强社会公众参与能力的角度而言，既要培育和促进社会组织的发育和壮大，这不仅有利于社会组织间的互助与合作，还有助于社会公众参与社会治理能力的提升，也为法治社会建设提供“公共阶层”[②] 基础。还要培育接近典型民间组织的社会组织，使其既具有一定的自主性能与政府通力合作，又具有与政府部门相制衡、限制公权力滥用的能力。如此，“社会各类组织、成员与国家各职能部门形成自治与统治分工协作，即跨越统治与自治之共治秩序”[③] 能够得以形成，法治社会建设能够得以切实推进。

四　加强法治教育：品格优化的路径

“教育是造就全面发展的人的唯一方法。”[④] 因此，提升社会成员的法治品格，需要加强法治教育以切实提升社会成员的法治素养。提升社会成员的法治素养破除法治教育的最大困境，主要在于长期以来人治观念带给人们的深远影响。无论是儒家文化中的重礼轻法、还是几千年的身份等级特权观念，沿袭至今与现代法治形成强烈冲突。人们的日常行为实践，通常会绕开“法治”而选择较容易获得利益的“人治”方式。因此，要肃清和改造社会成员头脑中的人治

---

① 俞可平等：《中国公民社会的兴起与治理的变迁》，社会科学文献出版社 2002 年版，第 208 页。

② 蒋传光：《公民身份与公民参与：法治中国建设的关键要素——以社会组织培育为例》，《浙江社会科学》2014 年第 6 期。

③ 江必新、王红霞：《法治社会建设论纲》，《中国社会科学》2014 年第 1 期。

④ 《马克思恩格斯选集》（第 2 卷），人民出版社 2012 年版，第 230 页。

理念，必须加强全体社会成员的法治教育，法治信仰的生成寄望于法治教育取得的成效。

第一，对领导干部“关键少数人”的法治教育。一方面，要加强领导干部的公民观教育，真正树立领导干部的“人民公仆”形象，改变几千年来的子民、臣民、愚民、顺民的心理情节，真正做到执法、司法为民。另一方面，应当注重对领导干部的法治培训，要充分发挥党校、干部学院等培训主体的法治教育功能。对领导干部的法治培训，不仅要加强对其进行宪法、法律法规等基础法治知识的培训，还要加强社会主义法治理念的教育，使法治成为其行动的自觉和习惯，提高其运用法治思维和法治方式处理问题的能力。此外，对领导干部的法治教育，还体现在要对其法治建设实绩予以考核，以切实提高领导干部的法治素养和依法办事的能力。

当前，领导干部“关键少数人”知法犯法、不敬畏法律、不信仰法治，严重冲击社会公众对法治的信任与信心，“如果官吏都不守法，还何谈法治”①。领导干部是社会公众的“领头羊”，要带头做好学法、尊法、信法、守法、用法、护法，强化其责任、服务以及民本等法治观念，真正起到表率和标杆作用。其一言一行所产生效用的优劣，对社会公众的影响是恒久而深远的。领导干部不尊法守法必然引起上行下效，法治中国建设的切实推进和建设社会主义法治国家的目标便难以实现。因此，领导干部“关键少数人”必须率先形成并拥有法治信仰，对法治具有真诚的情感和信赖，树立法律至上的权威意识和信念，养成依法遵章决策和执行的素养和能力，强化其以民本为主、服务民生和保障民权的责任。对于违背法治原

① 徐运良：《法治是如何实现的?》，法律出版社 2010 年版，第 104 页。

则，有损人民权益及党和国家公信力的领导干部，要加大惩处力度并进行再教育。应对正反两面具有典型意义的人物、案件的始末，及时向公众进行宣传引导，这对社会成员信仰法治和坚守法治具有重大示范意义。

第二，对“法律人”的法治教育。特别是要加强对立法、执法、司法这三支法治队伍的法治教育，因为，“法治乃法律人之治”[①]。一方面，理想信念与忠诚教育应当摆在法治队伍建设的首位。形成执法司法是为民而非为官、为私的理念，坚持权力取之于民当用之于民，形成忠于人民的坚定立场。另一方面，要加强对“法律人”的职业培训，提高执法司法业务能力与水平以更好地完成本职工作，更好地维护和保障人民的权益。当前法治队伍中的部分工作人员，执法司法不公、贪污腐败、徇私枉法等乱象不仅损害执法司法的公信力，使社会公众难以信任政法机关和政府，更给正在推进的全面依法治国战略的实施和法治中国的建设以极大的冲击和破坏。此外，还要加强“法律人”的职业道德培训，将职业道德作为必修课，以道德浸润法治教育，促使法治队伍形成职业良知，以确保“法律人”公正执法司法。同时，也要加强“法律人”的法治信仰教育。要注重对“法律人”的信仰仪式教育，除现在施行的宪法宣誓制度以外，还应该创新信仰教育的形式、方法与内容。“法律人”如若缺失法治信仰将没有坚守法治的定力。加强对“法律人”的法治教育，对其法治品格的优化和法治信仰的生成具有重要意义。

第三，对社会公众的法治教育。社会公众法治教育的主要方式，

---

① 孙笑侠等：《法律人之治：法律职业的中国思考》，中国政法大学出版社 2005 年版，第 16 页。

是国家自上而下推行的普法模式。前文曾述，从1986年的“一五”普法到今天的“七五”普法，我国社会公众的法治启蒙已从“器物”阶段转向“意识”阶段的深化，普法取得了一定的成绩与实效。法治对于社会公众而言已经不可或缺、至关重要，凸显的是社会公众对法治需求的日益增长与“‘法治’的‘不平衡不充分的发展’不能满足人民的这种需要之间的矛盾”[①]。当前我国的普法实效也存在缺憾，形成了国家积极推进与社会公众搁置的悬置状态。一方面，国家积极地推进法治实效与社会公众体验“法治的实惠”[②]有落差；另一方面，国家积极推进法治中国建设的目的，与社会公众在一定程度上尊法、守法和参与缺失的现实难以对接。究其原因，既有法律缺乏民情基础的因素，又有司法不公、执法不严、贪赃枉法等执法司法缺失公信的因素，也有“普法流于形式”[③] 未深入实际的因素。诚然，普法的成绩与缺憾并存，不能因为普法效果的瑕疵而否定普法的意义和成绩，也正是由于普法的不足，反而要加大全民普法力度。如同推进法治中国建设一样，不能因为法治建设过程中存有诸多问题，就因噎废食而否定全面依法治国的战略意义，反而应该汲取教训切实厉行法治，将法治落实到各方位、全方面。

普法的对象是“一切有接受教育能力的公民”[④]，社会公众法治教育的落实，首先在于强调法治的可接受。法治是社会公众的法治，

---

① 姚建宗：《新时代中国社会主要矛盾的法学意涵》，《法学论坛》2019年第1期。

② 苏力：《道路通向城市：转型中国的法治》，法律出版社2004年版，第21页。

③ 付子堂、肖武：《普法的逻辑展开——基于30年普法活动的反思与展望》，《社会科学战线》2017年第6期。

④ 《中共中央国务院转发〈中央宣传部、司法部关于在公民中开展法治宣传教育的第七个五年规划〉》，《人民日报》2016年4月18日第1版。

要形成社会公众的法治主体性，否则社会公众不仅“不会尊重法律”[1]，更不会信任法治。这就需要注重社会公众的法治参与，“法治是全体社会公众共同参与的一项正义的事业，它反映的是社会公众强烈的主人翁的独立意识与自觉意识，表达的是社会公众的积极性与主动性”[2]。同时，还要注重社会公众的法治获得感，要确保社会公众合法权利的切实享有和民生福祉的切实增进。如此，社会公众的权利意识才能得以提升，才会在法治教育过程中通过法治参与和国家形成互动，“谁执法谁普法”才能真正获得实效。在法治参与和实践过程中培育社会公众的法治主体能力，使法治教育成为社会公众的需求与抓手，以切实提升社会公众的法治主体性。如此，才能切实提高社会公众的民主法治意识，形成尊法、守法的习惯，真正树立法律权威。通过法治教育，能够提升社会公众的权利意识，营造民主法治的社会氛围，促进社会公众形成法律权威意识进而信仰法治，以切实推进法治社会和法治中国建设。

除法治教育外，宣传引导对信仰主体的品格优化，对社会公众法治观念的形成以及法治实践的选择功能不可或缺。实质而言，宣传引导也属于法治教育的范畴。无论是社会公众的法律常识和知识的普及、法治素养的提升，日常法治实践的指导以及法治观念的增强都离不开法治宣传的引导作用。体现在：其一，抓法治宣传的基础建设，体现在抓队伍建设和抓阵地建设两个方面。队伍建设着重强调的是平时建设，要形成一支法治素养高、政治修养好的法治宣传“常备”队伍，并形成良好的补充和淘汰机制；阵地建设则是强

---

① ［美］伯尔曼：《法律与宗教》，梁治平译，商务印书馆 2012 年版，第 36 页。

② 姚建宗：《信仰：法治的精神意蕴》，《吉林大学社会科学学报》1997 年第 2 期。

调电视、纸媒等传统媒体与微博、微信、网站等新兴媒体的联合运作，全方位、多角度地加大法治宣传专栏的开辟力度、时间与效用，并采取如以案说法、庭审直击、演讲辩论等多种宣传方式使人们切实感受到“法就在我身边”，以切实提升社会公众的法治素养。其二，要加强对法治宣传工作的指导和规范。宣传主管部门要定期和不定期地对法治宣传工作队伍进行培训，不单单是理论支持与指导，还要对法治宣传进行引导、督促和规范，使法治宣传工作得以有序、平稳、顺畅地开展。其三，法治宣传要走进百姓的身边、切合百姓的实际，要喜闻乐见，围绕百姓的生产、生活实际进行展开。这样，不仅能增加百姓的关注点与兴奋点，也能加强法治宣传的实际效果，使百姓切实感受到离不开法，能够知道、了解并在具体的实践中遇事找法。

从 1986 年我国开始实行普法规划到现在“七五”普法工作的深入开展，现实社会中，裁判文书上网、法院系统微博、部分案件公开审理直播等诸多法治的宣传引导方式，对社会公众法治观念的提升、促进社会公众法治信仰的生成具有积极作用。但是，有时也会出现与之相反的消极后果，体现在：一方面，部分媒体采访无视法律法规和道德底线。如在“海南校长开房案”中，媒体对 6 名未成年女孩开房的详细经过、孩子们受伤害状态的采写报道和迅速扩展，在帮助受害女孩及家人的同时，却忽视了对未成年人隐私权的保护，大量细节的再次描述且在报纸与网络中的永远记载、沉淀，给 6 名女生特别是给她们的未来带来更大的伤害。

另一方面，部分媒体监督干预司法审判。如众所周知的“药家鑫案”，正是由于传媒扭曲和夸张的新闻报道，掀起了社会公众与公共知识分子的鸿沟，司法在社会公众与公共知识分子之间无奈地选择了倾向于社会公众，药家鑫遂被判处死刑。“当传媒、法律人和公共知识分子在指责社会缺乏法治精神、民众没有法律信仰时，也许首先应当反省自身，他们在法律系统的入口处——法治热点事件中给社会公众提供了怎样的糟糕经验。如果他们对此始终毫无警醒，一味指责社会公众，那么中国的法治事业终究会是空中楼阁。”① 其结果是给社会公众正在形成的法治观念和法治信仰带来巨大的冲击。因此，要强调发挥法治宣传引导的积极效用，合理有效地规制其负效用，以切实引导社会公众对法治形成正确的认识和理解，真正提升社会公众的法治素养，使尊法守法成为社会公众的自觉行动和共同追求；相信法治、信任法治，从而在现实生活中真正践行法治和信仰法治。

由于社会公众的年龄、阶层、文化等有诸多差异，对社会公众的法治教育也应有所区分，社会公众法治教育应该突出高校法科生，特别是青少年的法治教育。高校的法科生是法学精英人才，对其进行法治教育主要是为法学师资、律师、公检法等职业部门培养高端人才，进而为我国的法治建设做出应有的贡献。法科生的法治教育乃是顺应现代法治的时代性与紧迫性，以切实提升法律高端人才的法治信仰、职业伦理和实践能力为根本。高校的人才培养模式改革、人才培养目标的修正、课程体系与教学手段的创新、司法职业能力的提升尤为重要。同时，法科生自身要加强法律知识的学习和法律思维的养成，形成规则意识和法治信仰，积极投身法治实践，浸润、接受于法治实践的洗礼，切实体悟法治的要义、真正形成对法治的

---

① 陈柏峰：《法治热点案件讨论中的传媒角色——以“药家鑫案”为例》，《法商研究》2011 年第 4 期。

真情实感和忠诚信仰。

对青少年进行法治教育目的是要培养合格公民和国家接班人，具有重大的战略意义。广大青少年具有很强的可塑性，其法律修养的优劣、法治素养的高低，从长远来说关涉到民族的荣辱兴衰、国家的长治久安。青少年法治素养的提升，中小学的法治教育是关键。体现在：其一，2014 年 10 月 23 日习近平在党的十八届四中全会第二次全体会议上提出，“要坚持法治教育从娃娃抓起，把法治教育纳入国民教育体系和精神文明创建内容，由易到难、循序渐进不断增强青少年的规则意识”①。随后，2016 年 6 月 28 日教育部、司法部和全国普法办三部门又联合印发《青少年法治教育大纲》。大纲对青少年法治教育提出的背景、要求、目标、内容以及如何实施与保障等均作出了总体性规定与部署，充分说明中小学法治教育任务的紧迫性与重要性。其二，当前青少年违法犯罪现象较为严重与突出。2019 年最高人民检察院工作报告指出，“对涉嫌轻微犯罪并有悔罪表现的未成年人，不批捕 15205 人、不起诉 8332 人、附条件不起诉 6959 人，同比分别上升 6.9%、13.8% 和 16%；应当依法从严惩戒的，批捕 29350 人、起诉 39760 人，同比分别上升 4.4%、下降 8.8%；对未达到刑事责任年龄的，会同相关部门约束教育、严加矫治。”② 近年来媒体对各地校园欺凌现象的频繁报道，也充分说明了加强青少年法治教育的紧迫性、艰巨性与重要性。

广大青少年的教育历时性较长，涉及义务教育和高中教育，中小学的法治教育便具有其特殊性。各阶段学校的法治教育是否拥有

① 习近平：《习近平谈治国理政》（第 2 卷），外文出版社 2017 年版，第 122 页。

② 张军：《最高人民检察院工作报告》，《人民日报》2019 年 3 月 20 日第 2 版。

和配备一定专业知识背景的师资，教师的法治知识与技能是否与时俱进？学校的法治教育课程量与内容度是否饱满？是否过度关注主干课程的学习教育，而轻视甚至是忽略青少年的法治教育？《青少年法治教育大纲》等系列政策规范对于学校而言是否具有权威性，学校主要领导是否重视青少年的法治教育，是否依循大纲切实推进青少年的法治教育？从小学阶段到高中阶段的学校法治教育，是否具有系统性、科学性和规律性等都是中小学法治教育应当关注的课题。中小学法治教育对学生的权利意识、公正意识、规则意识、责任意识的启蒙与养成，对学生法治信仰的培育具有重要意义。只有在学校，广大青少年才能获得规范的、完备的、连续的和系统的法治教育。学校要从完备法治课程建设、革新教学方式和手段、培训提高和充实法学师资等多方面入手，以切实塑造、形成广大青少年信守法治规章、追求公平正义的主体人格。

此外，家庭对广大青少年的法治教育也至关重要。家长对法治的认知、态度与实践对广大青少年的行为实践具有传递和示范效应。谚语中的“上梁不正下梁歪”，说明的就是家庭教育对子女所具有的负功能。其中，专制型家庭教育对子女的负面影响是极其恶劣的。这种教育“要求子女绝对服从，并对子女的一切行为进行监管，子女如不服从则会对其进行体罚等，子女与父母之间的关系极不平等”①。如2013年发生在重庆的10岁女孩摔婴儿事件，② 小女孩在电梯内对1岁的幼儿拳打脚踢，将其带至25楼后致其摔伤后果严重，悲剧的发生与家长对小女孩平时的打骂教育有关。“青少年犯罪与家

① 范中杰：《家庭教育方法对青少年社会化的影响》，《湖北社会科学》2008年第1期。
② 《10岁女孩将1岁男童抛下25楼？》，《大河报》2013年12月6日第A05版。

境无关，而与家风、家教密切相关。”① 因此，从家庭的法治教育来看，广大青少年的法治认知、法治意识与法治习惯的形成，既与优良的家风、科学的家庭教育理念和方法有关，又与家庭的法治认知及其具体行为实践的示范效应有关。某种意义而言，广大青少年优良法治品格的塑造，是家庭法治教育的一种责任与担当。

第二节　提升信仰客体的品质

诚然，是否信仰法治取决于社会成员自身，但是，法治能否被信仰则要取决于法治是否具有被信仰的品质。在我国，法治本身就是一个建构的过程，因此，构建法治信仰优化信仰主体的品格是一方面，但更为重要的是要提升法治的品质，才使法治具备被信仰的坚实基础。回应到法治信仰形成的具体困境，提升“信仰客体——法治”的品质重点将从法治的静态层面提高法律规范品质和法治的动态层面提升法治实施品质两方面予以分析。

一　提高法律规范品质

法治品质提升的前提性因素，便是要提高法律规范的品质。如若没有高质量的立法而是“建立在笨法、钝法、劣法、恶法基础上

① 与青少年犯罪具有关联性的家庭可以分为四种不良家庭和三种不当的家庭教育两大类型，前者包括单亲家庭或父母关系不和睦的家庭、经济贫困的家庭、父母行为不端的家庭和教育缺失的家庭，后者包括重成绩轻道德型、偏袒溺爱型以及简单粗暴型。参见胡云腾《认真落实“青年发展规划”切实预防青少年犯罪——兼论家庭、家风与青少年犯罪》，《中国青年社会科学》2017 年第 4 期。

的法治"[①]，便不会有良好的法治实施，不会形成良好的法治秩序，法律便不会拥有权威，更不会形成法治信仰。"越是强调法治，越是要提高立法质量。"[②] 提高立法质量要"推进决策的科学化和民主化，提高决策水平和工作效率"[③]。要切实保障科学立法与民主立法。前文曾述，当前我国部分法律法规、规章政策存在正义性不足、民情基础不足、科学性不足、确定性不足、完备性不足以及融贯性不足等诸多缺陷，这些立法缺陷是立法质量不高的表现，也是阻碍社会成员信仰法治的因素。从促进社会成员法治信仰生成的意义而言，应该重点从推进民主立法和加强民生立法两个角度予以讨论。

强调推进民主立法，意欲说明民主是立法的合法性基础，要保障法律是人民根本意志的反映。只有提高立法的民主化水平，才能使社会成员形成对法律的主体性认知。"凡是在法为私人利益制定了法律的地方，它都让私人利益为法制定法律。"[④] "公民的法律自主观念要求法律的接受者同时能意识到他们自身又是法律的制定者"[⑤]，即所立之法是"主我"之法而非"客我"之法，所立之法是为了保障"主我"的权益。参与立法是我国公民的基本权利，推进民主立法既是主权在民的基本体现，又是立法为民的基本保障。因此，推进民主立法就要强调民意基础，这既需要在不同层面和基础上扩大公众有序参与，不仅要有民众层面的意见，还要有专家学者、立法机关的建议，要使民众享有充分的知情权和表达权，拓展社会公众

---

① 江必新、邵长茂：《贯彻五大发展理念的法治保障》，《现代法学》2016 年第 6 期。

② 中共中央文献研究室编：《习近平关于全面依法治国论述摘编》，中央文献出版社 2015 年版，第 43 页。

③ 《江泽民文选》（第 2 卷），人民出版社 2006 年版，第 29—30 页。

④ 《马克思恩格斯全集》（第 1 卷），人民出版社 1956 年版，第 179 页。

⑤ ［德］哈贝马斯：《包容他者》，曹卫东译，上海人民出版社 2002 年版，第 301 页。

的意见表达和反馈机制。又需要在方法上创新公众参与方式，畅通公众参与渠道，包括制度化渠道和非制度化渠道，以保障在立法过程中吸收广泛的民意。还要健全立法评估制度，做好立法的事前、事中以及事后评估工作，以确保立法的切实有效。如此，才能真正保障所立之法的宗旨并非仅仅是国家实现治理秩序的工具，而是为了实现和保障人民的合法权益。

我国的法律法规存在反映人民意愿不够的问题，如从2003年3月广州“孙志刚事件”的发生到2003年6月《城市生活无着的流浪乞讨人员救助管理办法》的公布，再到2003年8月《城市流浪乞讨人员收容遣送办法》废止，在整个事件发酵和处理的过程中，既反映了法治顺应民意的被动与无序，又说明了民主、民意对立法、法治进程的推进意义。又如部分地区存有的征地、拆迁、补偿等问题，甚至还存在暴力强拆现象，在一定程度上反映了相关法律法规、规章政策缺乏民意基础，在具体实施上自然缺乏对人民权益的保护。因此，推进民主立法，既要提升社会成员的法治主体意识，又要激发社会成员的参与热情，还要拓展社会成员的参与渠道。

民主立法是“体察民意、尊重民权”① 的体现，只有推进民主立法，才能杜绝立法的盲目性与随意性，才能防止立法权的滥用，才能使“法律比较符合实际，能够行得通”②。也只有立法真正充分反映和体现的是民意而非“官意”③，才能保障立法是为了人民、保护人民。“在制定法律时取得多数人意见的一致”④，社会成员才能

① 付子堂、常安：《民生法治论》，《中国法学》2009年第6期。

② 彭真：《论新中国的政法工作》，中央文献出版社1992年版，第267页。

③ 陈雪平：《植根“民意立法”，实现民主立法》，《当代世界与社会主义》2007年第1期。

④ 彭真：《论新中国的政法工作》，中央文献出版社1992年版，第397页。

更好地遵守法律、执行法律。立法如若缺乏民主和民意的支持，法律并非社会成员之法缺乏主体性基础，社会成员自然不会尊重、支持法律，更不会认同法律，法律的权威性天然不足，社会成员也不会信仰法律和法治。

强调加强民生立法，意欲说明民生是立法的目的和宗旨。保障和改善民生，既是社会公众对立法的要求，也是立法的宗旨。民主是法治的基础，法治保障民主但更应当“切实保障民生”[①]。“保障民生不是谁的仁慈恩惠”[②]，而是党和政府的责任与义务，民生问题其实质是“典型的权利问题”[③]，权利问题也即法律和法治的核心要义。“没有健全的社会主义法制，就很难发展社会主义民主。”[④] 加强民生立法能更好地促进民主法治建设。民生问题惠及和保障的对象是“全体社会成员”[⑤]。因此，与民主问题比较而言，“民生问题是更应该优先解决的问题”[⑥]。提高法律规范品质，理应加强民生立法。只有社会成员关切期待的民生立法得以有效解决才更接地气，才是对民主立法的最优诠释。只有加大民生立法使法律真正回应人民群众关切期待，切实增进民生福祉，为民解忧、为民谋利，才能真正提升社会成员的获得感，才能更加激发社会成员的参与热情，才能切实促进社会公平正义，其实质是将平等、正义、人权和民主等法治价值熔铸到社会成员的内心。如此，才能使社会成员觉得所

---

① 付子堂：《构建民生法治》，《法学研究》2007 年第 4 期。

② 张文显：《民生呼唤良法善治——法治视野内的民生》，《中国党政干部论坛》2010 年第 9 期。

③ 付子堂、常安：《民生法治论》，《中国法学》2009 年第 6 期。

④ 彭真：《论新时期的社会主义民主与法制建设》，中央文献出版社 1989 年版，第 1 页。

⑤ 陈伯礼：《民生法治的理论阐释与立法回应》，《法学论坛》2012 年第 6 期。

⑥ 陈金钊：《民主、民生与和谐社会建设》，《法学论坛》2007 年第 6 期。

立之法是为了自己，而不致使社会成员冷漠法律、无视法律，才能体现民主立法保障民生，民生立法促进民主。

教育、医疗、养老、居住、食品、就业等是与社会成员日常关联最紧密、最迫切需要解决的民生问题。当前，“与小康社会相对应的民生立法”[①] 还是存在一定的不足，相关立法并非充要完备，修改也并不及时。一方面，我国的民生立法多为选择性立法缺乏“系统性立法规划”[②]，有关民生的法律自然完备性不足。比如在社会领域方面，社会福利法与社会救助法尚未出台，像2014年的《社会救助暂行办法》、2003年的《城市生活无着的流浪乞讨人员救助管理办法》是以行政法规形式出台；涉及老弱妇幼残疾人等弱势群体社会福利方面的立法更是缺位，至多在部分法律中有少许规定，在具体生活实践中自然就缺少保障这些弱势群体福利权益的法律依据。在教育领域方面，如学前教育法、残疾人教育法尚未出台，2017年修订的《残疾人教育条例》是以行政法规形式出台，2010年出台的《国务院关于当前发展学前教育的若干意见》是以国务院规范性文件形式发布；涉及就业、医疗卫生、收入分配等方面的民生立法就更为薄弱。

另一方面，我国的部分民生立法由于在具体内容和程序上缺少相应规定，缺乏可操作性还需要及时修改，“实践是法律的基础，法律要随着实践发展而发展”[③]。比如，2018年修正的《中华人民共和国食品安全法》对转基因食品作出需要标识，如若未做标识将予以处罚的规定与要求。但是，为何要对转基因食品作出标识，作出标

① 张淑芳：《行政法治视域下的民生立法》，《中国社会科学》2016年第8期。

② 张淑芳：《行政法治视域下的民生立法》，《中国社会科学》2016年第8期。

③ 习近平：《习近平谈治国理政》，外文出版社2014年版，第144页。

识对社会成员的意义何在，转基因食品对于社会成员而言是否具有安全隐患等，还需通过立法加以释疑。又如，2010 年修改的《征收土地公告办法》，涉及土地征收拆迁等重大民生问题，因缺少行政主体承担相应法律责任的条款规定，在具体实践中相关社会成员难以找寻相应法律依据以切实维护自身合法的土地权益。再如，2014 年出台的《社会救助暂行办法》由于缺少救助程序的相关规定，在具体实践中既缺乏约束力又缺乏可操作性。不论是民生立法的完备性不足，还是修改的不及时都会严重影响社会成员权利的实现与保障。缺乏权利的实现与保障就难以实现立法为民的宗旨，致使社会成员在立法层面缺失法治获得感，感受不到社会成员对法律期待应有的回应，更难以体现社会成员民生福祉的增进，自然会形成社会成员对法律的冷漠。社会成员缺乏对法律的真情实感，法律便不会成为社会成员内心的权威，自然也无益于社会成员法治信仰的形成。

二　提升法治实施品质

提高法律规范品质是法治品质提升的基础与前提，比较而言，提升法治实施的品质更为重要。原因是社会成员合法权利的享有与保障或者说社会成员的利益感受，更多的是透过法治实施来获得和加以实现的。提高领导干部“关键少数人”和“法律人”的法治品格便具有特殊意义，领导干部“关键少数人”和“法律人”是法治和法治信仰的主体，但是，从社会公众法治信仰生成的意义而言，领导干部“关键少数人”和“法律人”又具有法治客体的属性。因为，法治的实施主要是通过领导干部“关键少数人”和“法律人”的具体工作和行动来加以展现和完成，“一项制度的功能如何须取决于操作者的素质”[①]。领导干部“关键少数人”和“法律人”依法执法、公正司法、信仰法治，对社会公众法治信仰的生成具有增进和引领意义。换句话说，社会公众信任法治、信仰法治更多要受到领导干部“关键少数人”和“法律人”的具体工作和行动加以影响和促动，领导干部“关键少数人”和“法律人”如若不自觉尊法、守法、不崇尚法治，不仅有损于社会公众守法、尊法、信仰法治的信心，而且对全面依法治国战略的有效实施和法治中国建设的切实推进具有冲击和破坏之意。

以赵乐际在2019年党的十九届中央纪律检查委员会第三次全体会议上的工作报告统计数字为例（见表3-1），2018年我国被立案调查和移送司法机关的“中管干部”分别为68人和15人，处理“扶贫领域”腐败的人数为17.7万，处理“基层腐败”的人数为30.9万，因“涉黑涉恶”腐败受党纪政务处分的为1万余人，因“涉黑涉恶”腐败移送司法机关的为1899人。上述数字表明：一方面，涉及83人的“中管干部”和近50万人的职务犯罪和贪污腐败，不仅给社会公众信任法治、信仰法治带来负面效用和影响，也给全面依法治国的切实推进带来巨大冲击，足以动摇法治中国建设的根基。另一方面，国家坚持“老虎”“苍蝇”一起打，不仅表明国家坚守法治和维护法治的信心和能力，对于社会公众而言就是“看得见的正义”[②]，给社会公众信任法治和信仰法治带来了动力和信心。可见，优化领导干部“关键少数人”和“法律人”的法治品格，对于提升法治实施品质而言至关重要，成为法治实施品质提升的关键

---

① ［美］埃尔曼：《比较法律文化》，贺卫方、高鸿钧译，生活·读书·新知三联书店1990年版，中文版序言第6页。

② 陈瑞华：《看得见的正义》，北京大学出版社2013年版，第1页。

要素。

法治可以比作产品，其质量或品质如何体现在法治实施的任何一个环节上。作为产品的法治易碎，无论是在执法、司法还是守法环节出现质量问题，都会影响社会公众法治信仰的生成。作为产品的法治要成为社会成员的不可或缺，就必须注重国家提供法治产品品质的提升。否则，社会成员便不会选择作为产品的法治，而是寻求其他产品进行替代，即使选择也会因为产品质量有瑕疵而退货。

从促进社会成员法治信仰生成的角度而言，提升法治实施品质的重点则是要通过执法和司法的实施，即提升司法公信来增进社会成员的法治信仰。从执法的角度而言，提升执法公信是要强调严格执法。但是，从提升执法的品质而言，更应该强调依法执法、公正执法。只有如此，才能增进社会成员对法治的信任，进而促进其形成法治信仰。执法涉及社会成员日常生活的方方面面，社会成员日常接触最多的也是涉及诸多领域的行政执法部门。

我们可以通过以下两起简单的执法事件，管窥执法给社会成员信仰法治带来的冲击和影响：一起是2019年7月29日发生在淇县北阳镇的偷瓜纠纷。瓜农因阻止偷瓜行为导致偷瓜三人摔倒，民警出警后认为“偷瓜”为“摘瓜”，又因“所摘西瓜”价值20余元属于情节显著轻微，要求瓜农赔偿“摘瓜者”伤情损失300元。另一起是2019年8月1日发生在信阳固始县的“哄抢井盖”事件，由于货车侧翻车上33吨下水井盖被附近村民哄抢。报警后当地民警回应，由于村民并“未当面抢就不算抢”，且少量侵占够不上犯罪不予立案，警方通告中声称井盖是被村民“搬空”而非哄抢。对于瓜农、货车司机以及更多的社会成员而言，社会成员之所以相信法治、选择法治甚至是信仰法治，不仅是基于法治能够救济和保护他们的正当权益，能够带给他们利益价值和真切实在的获得感，而且相信法治能带来公平正义的价值体验。对于该两起事件我国的治安管理处罚法[①]已有明确规定，事实上警方的处理不仅仅说明执法者“执法不严”，不依《中华人民共和国治安管理处罚法》执法，对于瓜农和货车司机而言，执法者更是“执法不公”。瓜农、货车司机的合法权益不但得不到救济和保障，瓜农居然要倒赔300元，执法缺失公信力给社会成员带来的法治体验，或者说社会成员对法治的期待与国家的法治承诺形成强烈反差。执法者这种执法缺位不仅有损法律的权威，“消弭了法律的震慑力”[②]。同时，这种“和稀泥”式的执法还说明部分执法者执法不公、业务能力不精，不仅有损法治实施的品质与效果，更是冲击社会成员对法治的信任与信心。

从司法的角度而言，提升司法的品质除了提升司法人员的职业能力，最为重要的是强调坚持公正司法，提升司法公信力。司法公信力是“公正司法的首要基础”[③]，要让司法产生公信就需要领导干部“关键少数人”和“法律人”保障所提供的“法治”品质优良，维护和增进所提供“法治”的信用，使社会成员对所提供的“法治”产生信任，进而促进社会成员信仰法治。

“一次不公正的裁判，其恶果甚至超过十次犯罪。”[④] 近年来发生的典型冤假错案，如“河南周口的胥敬祥抢劫案”，胥敬祥被屈打

---

① 《中华人民共和国治安管理处罚法》第49条规定：“盗窃、诈骗、哄抢、抢夺、敲诈勒索或者故意损毁公私财物的，处五日以上十日以下拘留，可以并处五百元以下罚款；情节较重的，处十日以上十五日以下拘留，可以并处一千元以下罚款。”

② 陈广江：《从偷西瓜到抢井盖“破窗效应”亟待遏制》，《济南日报》2019年8月5日第F02版；彭波：《“偷西瓜”岂能视为“摘西瓜”》，《人民日报》2019年8月8日第19版。

③ 凌斌：《公正司法的公信基础》，《华东政法大学学报》2013年第6期。

④ ［英］培根：《人生论》，何新译，陕西师范大学出版社2009年版，第157页。

成招，遭到关押13年后才获释出狱；“河北邯郸的徐计彬强奸案”，因徐计彬的血型与犯案现场的精斑血型不符，在监狱服刑8年，15年后才被判决无罪；“内蒙古的呼格吉勒图奸杀案”，在已执行死刑的18年后才被判决无罪；“河北石家庄聂树斌奸杀案”，在其“犯案”后的22年才被改判无罪；“湖北京山的佘祥林‘杀妻’案”，因11年后的妻子突然出现而被改判无罪；“河南商丘的赵作海杀村民案”，也类似地因同村村民赵振晌突然回家而被改判无罪；“福建平潭的念斌投毒案”，曾历经4次被判死刑，终于在8年后被改判无罪……类似的冤假错案的恢复与纠正对于当事人而言是迟滞的，面临基本的人权甚至是生命权被剥夺，司法是维护社会公平正义的最后一道防线在冤假错案面前失语。由司法不公提供给社会成员的劣质法治产品，不仅严重损害社会成员的合法权益，更是有损法律的权威，引起社会公众对“法律人”执法司法能力，甚至是职业道德的质疑。丧失的是社会公众对领导干部“关键少数人”和“法律人”及其提供法治产品的信任，破坏的是社会公众对推进法治中国建设的信心，也即“一个‘彭宇案’就足以毁掉多年积累的司法公信和法治信仰”①。

提升司法公信，需要让社会公众体验到领导干部“关键少数人”和“法律人”提供的法治产品是优质而非劣质，这种体验就需要社会公众以法治主体的身份，参与到法治实施的诸如执法、司法活动中来。法治中国建设需要全社会的共同参与，其核心要义便是法治绝非仅仅是领导干部“关键少数人”和“法律人”的事业，社会公众不是只要做到尊重和遵守法律就足矣，应当是推进全面依法治国

---

① 凌斌：《当代中国法治实践中的“法民关系”》，《中国社会科学》2013年第1期。

的主体，而绝非仅仅是法治的旁观者。现实生活中社会公众的“信访而不信法”，并不代表社会公众对法律的不信任，其实质是社会公众对领导干部“关键少数人”和“法律人”及其所提供的法治产品不信任。破除社会公众的不信任，消除二者“天然的陌生、隔阂与紧张、疑忌”[①]，不仅需要领导干部“关键少数人”、“法律人”和社会公众形成法治共识，更需要社会公众真正参与到法治建设中去。只有社会公众真正参与到法治建设中，执法和司法也就不仅仅是领导干部“关键少数人”和“法律人”的自说自话，才能真正体现法治的主权在民和目的为民，而非主权在官、目的为私。也只有社会公众真正参与到法治建设中，切实体会到法治带给社会公众的利好，能够促进社会公平正义的实现，社会公众才会真正信任法治，法治也才会有信用。只有当法治具有信用的品质，社会公众对法治充分信任时，社会公众才会放心地将“法治”托付或交由领导干部“关键少数人”和“法律人”去生产，此时的社会公众已不仅仅是信任法治，而是形成了对法治的信仰。

提供优质的法治产品，提升社会公众对执法司法的公信，不仅要求“法律人”职业能力的提高，坚持形式正义与实质正义并举，更为重要的是要规范公权力的运行，“法治就是对权力的限制”[②]。“一切有权力的人都容易滥用权力”[③]，防止“法律人”在执法司法过程中的贪污腐败、恣意妄为和司法不公，既要确定其权力运行的边界，优化公权力的配置，规范和制衡权力的运行，将权力关进宪

① 凌斌：《公正司法的公信基础》，《华东政法大学学报》2013 年第 6 期。

② 龚祥瑞：《比较宪法与行政法》，法律出版社 2003 年版，第 74 页。

③ ［法］孟德斯鸠：《论法的精神》（上册），张雁深译，商务印书馆 1961 年版，第 154 页。

法和法律的牢笼；又要确保“法律人”依据法定程序规定执法司法，还要强调“法律人”执法司法的责任和监督机制，不仅要求“法律人”的权责要统一相适，更要强调执法司法阳光透明。无论是四川广安原市委副书记严春风因媒体舆论的揭露而被判刑十年，还是天津大妈赵春华因摆设射击摊进行盈利由最初的“获刑三年半”，到再审改判“获刑三年、缓刑三年”都得益于社会公众的监督、受惠于执法司法的阳光运行，更多的是展现了社会公众法治参与的热情，其结果必然是增进了社会公众对法治的信任与信心。

“执法司法越公开，就越有权威和公信力。”① 只有以公开促公正、树公信，才能增进社会成员对执法司法等法治产品的信任，才能激发社会成员的法治参与热情，以展现社会成员的法治主体地位。让执法司法权力在阳光下运行，不仅需要拓展社会成员有序参与的渠道，更为重要的是应该加大执法司法公开的力度与范围，使社会成员享有充分的知情权和表达权；还需要在程序上设计社会成员对法治的可接近、可参与、可利用，使社会公众将“书本上的法”“头脑中的法”切实转化为“行动中的法”，避免“不用法、不敬法、甚至是蔑视法”②，自觉地、主动地参与到、投入到法治中国建设中去。因此，“要依法公正对待人民群众的诉求，努力让人民群众在每一个司法案件中都能感受到公平正义”③。只有法治实施提供优质的法治产品，社会成员才会信任法治、选择法治；只有执法司法

---

① 中共中央文献研究室编：《习近平关于全面依法治国论述摘编》，中央文献出版社2015年版，第72—73页。

② Ewick Patricia, Susan S. Silbey, *The Common Place of Law: Stories from Everyday Life*, University of Chicago Press, 1998, p. 21.

③ 中共中央文献研究室编：《习近平关于全面依法治国论述摘编》，中央文献出版社2015年版，第67页。

切实保障社会成员的合法权利，促进社会公平正义的实现，法治具有实效才会产生执法司法公信；执法司法公信的形成与增进，意味着社会成员对法治的内心接受与认可。如此，法律才会真正拥有权威，社会成员才会从内心遵守法律、信任法治、敬畏法治进而信仰法治。

结　论

“后发内生”作为特殊时代背景，新中国的法治建设经历了漫长的抓“器物”建设——量变到抓“意识”建设——质变的升华。从中华人民共和国成立之初的抓“法制”建设到后来“十年文革”的“无法制”，从改革开放伊始的“加强法制”到“依法治国”作为治国基本方略，从“社会主义法律体系的形成”到“推进法治国家、法治政府、法治社会一体建设”，从“全面推进依法治国”到“走中国特色社会主义法治道路”，从“知法守法”的法制启蒙到“信仰法治”的法治启蒙，不仅体现出法治中国建设的自觉性和坚定性，也体现出法治中国建设的长期性与艰难性。

中国的法治信仰不同于西方的法律信仰，不具有西方宗教意义上的终极性和自然法意义上的超越性。法治信仰作为一种世俗信仰和社会信仰，具有理性与非理性、经验性与超验性、工具性与目的性、科学性与实践性统一的基本特征。保障公民广泛权利与自由的合法享有是法治的目的，实现人的全面自由发展是马克思主义的宗旨。可见，法治信仰与马克思主义信仰高度契合，法治信仰是马克思主义信仰体系的一环，信仰法治是实现社会主义和共产主义的精神前提。

与西方自然生长的法治不同，中国的法治是一个建构的过程，法治信仰作为文化信仰或者精神信仰其本身也是一个建构的过程。从法治中国建设的推进意义来看，法治实施主要是通过领导干部“关键少数人”和“法律人”的具体工作和行动加以落实和展现，社会公众信仰法治需要通过领导干部“关键少数人”和“法律人”对法律的遵守和法治实施的实效来加以增进。法治中国建设要充分体现社会公众的主体地位，人民是全面依法治国的主体和力量源泉，法治中国建设并非只是领导干部“关键少数人”和“法律人”的事业，而是全体社会成员的共同事业。

作为信仰客体的中国法治，不仅要吸收世界优秀的法治文明，要内涵人权、公平、正义、秩序等内在品质；还要借鉴传统中国优秀的德治文化，要以德治滋养法治；更要结合中国的具体时代条件，坚定不移地走中国特色社会主义法治道路。因此，中国的法治信仰不仅包含了对法律的信仰，还包含了对法治实施和法治所承载内在价值的信仰，更包含了对法治中国的信仰。

结构功能主义作为社会学的基本理论，既是法治信仰建构的基本理论，又是分析法治信仰生成的工具方法。从个体层次来看，结构强调的是个体所内化的法治价值为其行为实践提供了需求倾向，内化强调法治信仰的生成是一个社会化的过程；从社会层次来看，法治则给社会总体的整合提供理念共识。法治对于社会成员而言具有规范和整合功能，社会成员对于法治而言又具有能动作用，法治信仰的生成源自于主客体之间的互动与互构，体现了法治信仰主客体之间所具有的二重性。

市场经济、民主政治、法治文化是法治信仰生成的现实条件和基础，法治信仰的生成需要社会认同、理性选择和社会整合等内生机制与法治教育的外生机制形成合力共同发挥作用。法治信仰的具体建构，需要从优化信仰主体的品格和提升信仰客体的品质两方面共同推进。从结构功能主义来看，优化信仰主体的品格，强调社会成员的法治主体性，突出社会成员的能动性。提升信仰客体的品质，强调要以民主立法保障民生，以民生立法促进民主，使社会成员从内心拥护法律，树立法律权威；通过提升法治实施品质增进法治信用，形成司法公信力进而促进社会成员信仰法治。

法治是治国理政的基本方式，是国家治理体系的核心。国家治理体系建设与法治中国建设高度重叠贯通，国家治理将法治深层次融入、落实、贯穿到全方面和各方位，必须在精神层面上努力培育全社会法治信仰，法治信仰是法治的精髓和灵魂。社会主义法治国家的建成依赖国家治理体系和治理能力现代化的切实推进，国家治理体系和治理能力现代化水平的提高与强化，要受制于全社会信仰法治的实现，法治信仰对国家治理体系和治理能力现代化而言，具有固本铸魂和定向导航的功能。从个体层面而言，树立法治信仰有助于实现社会成员合法权利的享有、增进与保障；从国家层面而言，建构法治信仰有助于实现国家治理体系和治理能力的现代化。要用法治来构建国家治理体系、提升国家治理能力，构建法治信仰是实现国家治理体系和治理能力现代化的中国方案。

如若说加快法治建设对国家治理体系和治理能力现代化具有提升意义，那么，构建法治信仰对国家治理体系和治理能力现代化则具有根基意义。党的十九大报告为实现国家治理体系和治理能力的现代化列出时间表，到 2035 年要“基本实现”，“现代社会治理格局基本形成，社会充满活力又和谐有序”；在此基础上，到本世纪中叶 2050 年达到“实现”，不仅建成“社会主义现代化强国”，“人民将享有更加幸福安康的生活”。推进社会治理法治化、实现国家治理体系和治理能力现代化要注重建立良好的法律，重点推进民主立法和加强民生立法，实现社会成员权利保障法治化，增强社会成员的法治获得感、安全感和幸福感。这是社会成员信仰法治的前提，也是国家治理体系和治理能力现代化的标志。

领导干部“关键少数人”和“法律人”是提升国家治理体系和治理能力现代化、推进社会治理法治化的主要责任者和落实者，要将社会治理法治化的能力与水平作为各级领导干部，特别是立法、执法、司法这三支队伍考核实绩的重要内容，要强调推进科学立法、严格执法和公正司法。领导干部“关键少数人”和“法律人”必须在宪法法律范围内活动，不容许有法外特权，要做尊法、学法、守法、用法和护法的表率，必须率先信仰法治。在法治信仰的引领下，提高领导干部“关键少数人”和“法律人”运用法治思维和法治方式的能力，使领导干部“关键少数人”和“法律人”化解矛盾、解决问题的方式嵌入法治轨道，增强领导干部“关键少数人”和“法律人”执法司法的能力与水平，以切实推进社会治理法治化、现代化。

在推进法治体系建设进程中，强调法治国家、法治政府、法治社会一体建设。与前两者比较而言，法治社会建设相对薄弱。要加强法治社会建设，实现国家治理与社会自治相结合，要积极发挥社会组织在推进法治社会建设中的作用。社会成员办事依法、遇事找法、解决问题靠法，需要在法治社会的良好氛围中进行。社会成员信仰法治有助于法治社会的形成，同时，法治社会的形成也有助于社会成员法治信仰的固化与坚定。只有全社会信仰法治，社会成员在社会实践中才能选择法治、践行法治，才能为法治社会建设提供有效的力量支撑和深厚的社会基础。让法治真正成为社会成员的“守护神”，切实保障社会成员当家作主，使社会成员自由地、有尊严地生活在法治社会中，才能切实推进社会主义法治国家的建成。诚然，法治信仰的中国建构必然长期与艰难，但是，法治信仰的中国建构却是社会主义法治国家建成的必经之途。

参考文献

一 中文文献

（一）经典著作及党的文献

《马克思恩格斯全集》（第1卷），人民出版社1956年版。

《马克思恩格斯全集》（第2卷），人民出版社1957年版。

《马克思恩格斯全集》（第3卷），人民出版社1960年版。

《马克思恩格斯文集》（第1卷），人民出版社2009年版。

《马克思恩格斯文集》（第2卷），人民出版社2009年版。

《马克思恩格斯文集》（第8卷），人民出版社2009年版。

《马克思恩格斯文集》（第9卷），人民出版社2009年版。

《马克思恩格斯选集》（第1—4卷），人民出版社2012年版。

《列宁专题文集 论辩证唯物主义和历史唯物主义》，人民出版社2009年版。

《毛泽东选集》（第1卷），人民出版社1991年版。

《毛泽东选集》（第2卷），人民出版社1991年版。

《毛泽东文集》（第6卷），人民出版社1999年版。

《邓小平文选》（第2卷），人民出版社1994年版。

《邓小平文选》（第 3 卷），人民出版社 1993 年版。
《江泽民文选》（第 1 卷），人民出版社 2006 年版。
《江泽民文选》（第 2 卷），人民出版社 2006 年版。
《胡锦涛文选》（第 3 卷），人民出版社 2016 年版。
习近平：《干在实处　走在前列：推进浙江新发展的思考与实践》，中共中央党校出版社 2006 年版。
《习近平谈治国理政》，外文出版社 2014 年版。
《习近平谈治国理政》（第 2 卷），外文出版社 2017 年版。
《决胜全面建成小康社会　夺取新时代中国特色社会主义伟大胜利》，人民出版社 2017 年版。
习近平：《论坚持全面依法治国》，中央文献出版社 2020 年版。
中共中央宣传部编：《习近平新时代中国特色社会主义思想学习纲要》，学习出版社、人民出版社 2019 年版。
中共中央宣传部、中央全面依法治国委员会办公室编：《习近平法治思想学习纲要》，人民出版社、学习出版社 2021 年版。
全国人大常委会办公厅、中共中央文献研究室编：《人民代表大会制度重要选编》，中国民主法制出版社 2015 年版。
中共中央文献研究室编：《十一届三中全会以来重要文献选读》（上册），人民出版社 1987 年版。
中共中央文献研究室编：《建国以来重要文献选编》（第九册），中央文献出版社 1994 年版。
中共中央文献研究室编：《十八大以来重要文献选编》（上），中央文献出版社 2014 年版。
中共中央文献研究室编：《习近平关于全面依法治国论述摘编》，中央文献出版社 2015 年版。

彭真：《论新时期的社会主义民主与法制建设》，中央文献出版社1989年版。
彭真：《论新中国的政法工作》，中央文献出版社1992年版。
《董必武政治法律文集》，法律出版社1986年版。

（二）中文著作类

陈瑞华：《看得见的正义》，北京大学出版社2013年版。
费孝通：《乡土中国》，上海人民出版社2013年版。
付子堂：《法律功能论》，中国政法大学出版社1999年版。
付子堂：《法理学初阶》（第五版），法律出版社2015年版。
公丕祥：《当代中国的法治现代化》，法律出版社2017年版。
龚祥瑞：《比较宪法与行政法》，法律出版社2003年版。
何光沪：《秉烛隧中》，新星出版社2014年版。
何勤华等：《法律文化三人谈》，北京大学出版社2010年版。
贺麟：《文化与人生》，商务印书馆2015年版。
洪晓楠等：《提高国家文化软实力的哲学研究》，人民出版社2013年版。
黄明理：《社会主义道德信仰研究》，人民出版社2006年版。
季卫东：《通往法治的道路：社会的多元化与权威体系》，法律出版社2014年版。
贾春增：《外国社会学史》（第三版），中国人民大学出版社2008年版。
蒋荣：《马克思主义信仰的现代困境及出路：基于高校师生的经验证据》，中央编译出版社2015年版。
金泽：《宗教禁忌研究》，社会科学文献出版社1996年版。
荆学民：《人类信仰论》，上海人民出版社1992年版。

荆学民：《现代信仰学导引》，中国传媒大学出版社 2012 年版。

瞿同祖：《中国法律与中国社会》，商务印书馆 2017 年版。

柯卫：《当代中国法治的主体基础》，法律出版社 2007 年版。

李德顺：《价值学大词典》，中国人民大学出版社 1995 年版。

李德顺：《价值论》，中国人民大学出版社 2007 年版。

李德顺等：《精神家园：新文化论纲》，黑龙江教育出版社 2010 年版。

李锦辉：《规范与认同：制度法律理论研究》，山东人民出版社 2011 年版。

李林：《中国特色社会主义法治发展道路》，中国法制出版社 2017 年版。

《李龙文集》（第 2 卷），武汉大学出版社 2011 年版。

李素菊：《青年信仰与宗教文化》，东方出版社 2009 年版。

李向平等：《当代美国宗教社会学理论研究》，中西书局 2015 年版。

梁治平：《寻求自然秩序中的和谐：中国传统法律文化研究》，商务印书馆 2013 年版。

廖永红：《信仰的力量》，中国社会出版社 2016 年版。

凌斌：《法治的中国道路》，北京大学出版社 2013 年版。

刘建军：《马克思主义信仰论》，中国人民大学出版社 1998 年版。

刘雪松：《公民文化与法治秩序》，中国社会科学出版社 2007 年版。

刘哲昕：《法治才是硬道理：从法治思维到命运共同体》，法律出版社 2015 年版。

卢建军：《法治认同生成的理论逻辑》，法律出版社 2014 年版。

吕大吉：《宗教学通论新编》，中国社会科学出版社 1998 年版。

吕世伦、公丕祥：《现代理论法学原理》，安徽大学出版社 1996

年版。

马长山：《法治的社会根基》，中国社会科学出版社 2003 年版。

马庆：《多元论下的本真性理想：查尔斯·泰勒现代性思想研究》，上海社会科学院出版社 2015 年版。

马振清：《当代政治社会基本理论》，九州出版社 2017 年版。

欧运祥：《法律的信任：法理型权威的道德基础》，法律出版社 2010 年版。

任建明、杜治洲：《腐败与反腐败：理论、模型和方法》，清华大学出版社 2009 年版。

沙莲香等：《现代社会学——基本内容及评析》（上册），中国人民大学出版社 1994 年版。

沈国明等：《全面推进依法治国》，上海人民出版社 2015 年版。

苏力：《道路通向城市：转型中国的法治》，法律出版社 2004 年版。

孙国华：《法学基础理论》，天津人民出版社 1988 年版。

孙国华：《社会主义法治论》，法律出版社 2002 年版。

孙立平：《重建社会：转型社会的秩序再造》，社会科学文献出版社 2009 年版。

孙笑侠等：《法律人之治：法律职业的中国思考》，中国政法大学出版社 2005 年版。

唐日新等：《国民素质论》，中南工业大学出版社 1998 年版。

汪太贤、艾明：《法治的理念与方略》，中国检察出版社 2001 年版。

王利明：《迈向法治：从法律体系到法治体系》，中国人民大学出版社 2015 年版。

王铭铭：《西方人类学名著提要》，江西人民出版社 2004 年版。

王文东：《宗教伦理学》（上），中央民族大学出版社 2006 年版。

吴晓群：《希腊思想与文化》，上海社会科学院出版社 2012 年版。

武建敏、董佰壹：《法治类型研究》，人民出版社 2011 年版。

夏勇：《法理讲义：关于法律的道理与学问》（上），北京大学出版社 2010 年版。

谢晖：《法律信仰的理念与基础》，山东人民出版社 1997 年版。

心理学百科全书编辑委员会：《心理学百科全书》，浙江教育出版社 1995 年版。

徐洪兴：《思想的转型：理学发生过程研究》，上海人民出版社 2016 年版。

徐秦法：《社会治理中的信仰价值研究》，光明日报出版社 2012 年版。

徐运良：《法治是如何实现的?》，法律出版社 2010 年版。

许章润等：《法律信仰：中国语境及其意义》，广西师范大学出版社 2003 年版。

姚建宗：《法治的生态环境》，山东人民出版社 2003 年版。

姚建宗：《法治思语》，法律出版社 2014 年版。

余秋雨：《何谓文化》，长江文艺出版社 2012 年版。

於兴中：《法治东西》，法律出版社 2015 年版。

俞可平等：《中国公民社会的兴起与治理的变迁》，社会科学文献出版社 2002 年版。

喻中：《法律文化视野中的权力》，山东人民出版社 2004 年版。

张善根：《法律信任论》，中国法制出版社 2018 年版。

张文显：《法哲学范畴研究》，中国政法大学出版社 2001 年版。

张文显：《二十世纪西方法哲学思潮研究》，法律出版社 2006 年版。

张永和：《信仰与权威》，法律出版社 2006 年版。

郑戈：《法律与现代人的命运：马克斯·韦伯法律思想研究导论》，法律出版社2006年版。

郑杭生：《社会学概论新修》，中国人民大学出版社2013年版。

朱景文：《比较法社会学的框架与方法：法制化、本土化和全球化》，中国人民大学出版社2001年版。

朱力宇：《彭真民主法制思想研究》，中国人民大学出版社1999年版。

（三）中文译著类

［奥］弗洛伊德：《精神分析新论》，郭本禹译，译林出版社2014年版。

［比］胡克：《法律的沟通之维》，孙国东译，法律出版社2008年版。

［波兰］什托姆普卡：《信任：一种社会学理论》，程胜利译，中华书局2005年版。

［德］贝克等著：《自反性现代化：现代社会秩序中的政治、传统与美学》，赵文书译，商务印书馆2014年版。

［德］贝克、格恩斯海姆：《个体化》，李荣山等译，北京大学出版社2011年版。

［德］布雷钦卡：《信仰、道德和教育：规范哲学的考察》，彭正梅、张坤译，华东师范大学出版社2008年版。

［德］哈贝马斯：《包容他者》，曹卫东译，上海人民出版社2002年版。

［德］哈贝马斯：《在事实与规范之间：关于法律和民主法治国的商谈理论》，童世骏译，生活·读书·新知三联书店2003年版。

［德］卡西尔：《人论》，甘阳译，西苑出版社2003年版。

［德］康德：《纯粹理性批判》，蓝公武译，中国画报出版社2016

年版。
［德］卢曼：《信任：一个社会复杂性的简化机制》，瞿铁鹏、李强译，上海人民出版社 2005 年版。
［德］韦伯：《学术与政治》，冯克利译，生活·读书·新知三联书店 2016 年版。
［德］西美尔：《现代人与宗教》，曹卫东译，中国人民大学出版社 2003 年版。
［德］西美尔：《货币哲学》，陈戎女等译，华夏出版社 2007 年版。
［德］雅斯贝尔斯：《大哲学家》，李雪涛译，社会科学文献出版社 2005 年版。
［德］耶林：《为权利而斗争》，郑永流译，商务印书馆 2016 年版。
［法］迪尔凯姆：《迪尔凯姆论宗教》，周秋良等译，华夏出版社 2000 年版。
［法］迪尔凯姆：《社会学方法的准则》，狄玉明译，商务印书馆 2009 年版。
［法］卢梭：《社会契约论》，何兆武译，商务印书馆 2003 年版。
［法］孟德斯鸠：《论法的精神》（上册），张雁深译，商务印书馆 1961 年版。
［法］涂尔干：《社会分工论》，渠东译，生活·读书·新知三联书店 2000 年版。
［法］涂尔干：《宗教生活的基本形式》，渠东、汲喆译，上海人民出版社 2006 年版。
［法］托克维尔：《论美国的民主》（上卷），董果良译，商务印书馆 2013 年版。
［法］托克维尔：《论美国的民主》（下卷），董果良译，商务印书馆

2013 年版。

［古罗马］西塞罗：《国家篇　法律篇》，沈书平、苏力译，商务印书馆 2011 年版。

［古希腊］柏拉图：《理想国》，郭斌和、张竹明译，商务印书馆 1986 年版。

［古希腊］亚里士多德：《政治学》，吴寿彭译，商务印书馆 1965 年版。

［美］埃尔曼：《比较法律文化》，贺卫方、高鸿钧译，生活·读书·新知三联书店 1990 年版。

［美］贝尔：《资本主义文化矛盾》，严蓓雯译，江苏人民出版社 2012 年版。

［美］本尼迪克特：《文化模式》，王炜等译，社会科学文献出版社 2009 年版。

［美］波普诺：《社会学》（上），刘云德、王戈译，辽宁人民出版社 1987 年版。

［美］伯尔曼：《法律与革命——西方法律传统的形成》，贺卫方等译，中国大百科全书出版社 1993 年版。

［美］伯尔曼：《法律与宗教》，梁治平译，商务印书馆 2012 年版。

［美］博登海默：《法理学：法律哲学与法律方法》，邓正来译，中国政法大学出版社 1999 年版。

［美］德沃金：《法律帝国》，李常青译，中国大百科全书出版社 1996 年版。

［美］德沃金：《认真对待权利》，信春鹰、吴玉章译，中国大百科全书出版社 1998 年版。

［美］弗里德曼：《法律制度——从社会科学角度观察》，李琼英、

林欣译，中国政法大学出版社 1994 年版。

［美］弗洛姆：《为自己的人》，孙依依译，生活·读书·新知三联书店 1988 年版。

［美］富勒：《法律的道德性》，商务印书馆 2009 年版。

［美］格尔茨：《文化的解释》，纳日碧力戈等译，上海人民出版社 1999 年版。

［美］格兰诺维特：《镶嵌：社会网与经济行动》，罗家德译，社会科学文献出版社 2007 年版。

［美］亨廷顿、哈里森：《文化的重要作用：价值观如何影响人类进步》，程克雄译，新华出版社 2010 年版。

［美］克雷默、泰勒：《组织中的信任》，管兵等译，中国城市出版社 2003 年版。

［美］默顿：《社会理论和社会结构》，唐少杰、齐心译，译林出版社 2015 年版。

［美］帕森斯：《社会行动的结构》，张明德等译，译林出版社 2012 年版。

［美］庞德：《通过法律的社会控制》，沈宗灵译，商务印书馆 2010 年版。

［美］萨默斯：《美国实用工具主义法学》，柯华庆译，中国法制出版社 2010 年版。

［美］萨托利：《民主新论》，冯克利、阎克文译，东方出版社 1998 年版。

［美］斯皮罗：《文化与人性》，徐俊等译，社会科学文献出版社 1999 年版。

［美］泰勒：《人们为什么遵守法律》，黄永译，中国法制出版社

2015 年版。

［美］修斯、克雷勒：《社会学和我们》，周杨、邱文平译，上海社会科学院出版社 2008 年版。

［美］阎云翔：《私人生活的变革：一个中国村庄里的爱情、家庭与亲密关系：1949—1999》，龚小夏译，上海书店出版社 2009 年版。

［美］约翰斯顿：《腐败征候群：财富、权力和民主》，袁建华译，上海人民出版社 2009 年版。

［日］川岛武宜：《现代化与法》，王志安等译，中国政法大学出版社 2004 年版。

［瑞士］荣格：《寻求灵魂的现代人》，苏克译，贵州人民出版社 1987 年版。

［意］贝卡里亚：《论犯罪与刑罚》，黄风译，中国方正出版社 2004 年版。

［英］哈耶克：《致命的自负》，冯克利等译，中国社会科学出版社 2000 年版。

［英］吉登斯：《现代性与自我认同》，赵旭东等译，生活·读书·新知三联书店 1998 年版。

［英］吉登斯：《社会学》，赵旭东等译，北京大学出版社 2003 年版。

［英］吉登斯：《现代性的后果》，田禾译，译林出版社 2011 年版。

［英］拉兹：《法律的权威》，朱峰译，法律出版社 2005 年版。

［英］罗素：《哲学问题》，何兆武译，商务印书馆 2007 年版。

［英］洛克：《政府论》（下篇），叶启芳、瞿菊农译，商务印书馆 1964 年版。

［英］密尔：《论自由》，许宝骙译，商务印书馆 2015 年版。

［英］培根：《人生论》，何新译，陕西师范大学出版社 2009 年版。

［英］泰勒：《原始文化》，连树生等译，广西师范大学出版社 2005 年版。

［英］希克：《第五维度：灵魂领域的探索》，王志成、思竹译，四川人民出版社 2000 年版。

［英］休谟：《休谟政治论文选》，张若衡译，商务印书馆 2010 年版。

（四）期刊论文类

蔡宝刚：《论法律信用与和谐社会——以“煤官撤资令”为例的分析》，《法学》2005 年第 11 期。

蔡华：《“信仰”概念的意义与用法》，《学术研究》2011 年第 9 期。

曹欢欢、王匡夫、蔡昊：《政治信仰：概念与相关问题》，《思想教育研究》2014 年第 11 期。

常桂祥：《法律信仰：法治国家之灵魂》，《齐鲁学刊》2005 年第 2 期。

陈柏峰：《法治热点案件讨论中的传媒角色——以“药家鑫案”为例》，《法商研究》2011 年第 4 期。

陈伯礼：《民生法治的理论阐释与立法回应》，《法学论坛》2012 年第 6 期。

陈金钊：《民主、民生与和谐社会建设》，《法学论坛》2007 年第 6 期。

陈维铨：《试论帮助大学生树立法律信仰的关键问题》，《教育与职业》2006 年第 30 期。

陈新开：《论法治社会条件下大学生法律信仰的构建》，《黑龙江高教研究》2008 年第 2 期。

陈型颖、王衡：《政治信任、社会网络与抗争倾向：基于 53 个国家和地区的实证比较》，《社会》2018 年第 1 期。

陈雪平:《植根“民意立法”,实现民主立法》,《当代世界与社会主义》2007 年第 1 期。

陈云东:《树立法治信仰 建设法治中国》,《学术探索》2015 年第 6 期。

陈占梅:《人民警察法律信仰的培养》,《青海社会科学》2008 年第 3 期。

邓巧蓉:《法治中国建设背景下大学生法律信仰的培养》,《学校党建与思想教育》2015 年第 5 期。

邓佑文、李长江:《论国家公务员的法律信仰——由我国公务员执法现状引发的思考》,《理论学刊》2004 年第 12 期。

邓佑文:《论领导干部的法律信仰与依法行政》,《领导科学》2005 年第 14 期。

丁士松:《论人治》,《武汉大学学报》(哲学社会科学版)2008 年第 4 期。

丁一:《法律信仰在法治化进程中的作用》,《法商研究》(中南政法学院学报)1999 年第 6 期。

杜玉华:《社会结构:一个概念的再考评》,《社会科学》2013 年第 8 期。

范光杰、杨汉国:《法治视域下的当代大学生法律信仰教育内涵》,《学校党建与思想教育》2015 年第 1 期。

范光杰:《关于大学生法律信仰教育问题的思考》,《理论导刊》2016 年第 2 期。

范进学:《论法律信仰危机与中国法治化》,《法商研究》(中南政法学院学报)1997 年第 2 期。

范进学:《“法律信仰”:一个被过度误解的神话——重读伯尔曼

〈法律与宗教〉》,《政法论坛》2012 年第 2 期。

范愉:《法律信仰批判》,《现代法学》2008 年第 1 期。

范中杰:《家庭教育方法对青少年社会化的影响》,《湖北社会科学》2008 年第 1 期。

房书君等:《法律信任及其在当代中国的建构》,《东北师大学报》(哲学社会科学版)2016 年第 1 期。

冯仕政:《法社会学:法律服从与法律正义——关于中国人法律意识的实证研究》,《江海学刊》2003 年第 4 期。

冯天策:《论信仰的几个基本问题》,《中州学刊》2001 年第 1 期。

冯天策:《略论信仰本体的起源、分类和本质》,《东岳论丛》2007 年第 1 期。

冯彦君:《关于“法律信仰”的遐思与追问》,《东北师大学报》(哲学社会科学版)2015 年第 5 期。

付子堂:《构建民生法治》,《法学研究》2007 年第 4 期。

付子堂、常安:《民生法治论》,《中国法学》2009 年第 6 期。

付子堂:《法治中国的“一个中心,两个基本点”》,《法制与社会发展》2013 年第 5 期。

付子堂:《实质法治:中国法治发展之进路》,《学术交流》2015 年第 3 期。

付子堂:《坚定人权自信 全面加强人权法治保障》,《人权》2017 年第 6 期。

付子堂、肖武:《普法的逻辑展开——基于 30 年普法活动的反思与展望》,《社会科学战线》2017 年第 6 期。

付子堂:《习近平总书记全面依法治国新理念新思想新战略》,《中国法学》2019 年第 6 期。

付子堂：《2035：法治中国的远景展望》，《人民论坛》2021 年第 1 期。

高鸿钧：《走向交往理性的政治哲学和法学理论（下）——哈贝马斯的民主法治思想及对中国的借鉴意义》，《政法论坛》2008 年第 6 期。

高铭暄、陈璐：《略论司法公信力的历史沿革与实现途径》，《法学杂志》2010 年第 7 期。

高鹏程：《试论结构的概念》，《学术交流》2010 年第 2 期。

耿瑞珍：《法律信仰的价值及培育》，《中国特色社会主义研究》2015 年第 6 期。

公丕潜、杜宴林：《法治中国视域下法律职业共同体的建构》，《北方论丛》2015 年第 6 期。

龚廷泰、何晶：《司法公信力与良性司法》，《江海学刊》2009 年第 2 期。

龚廷泰：《法治文化的认同：概念、意义、机理与路径》，《法制与社会发展》2014 年第 4 期。

关海庭：《当代中国的政治信仰与政治发展》，《新视野》2016 年第 5 期。

关玫：《司法公信力初论——概念、类型与特征》，《法制与社会发展》2005 年第 4 期。

郭春镇：《从"神话"到"鸡汤"——论转型期中国法律信任的建构》，《法律科学》（西北政法大学学报）2014 年第 3 期。

郭景萍：《法律情感逻辑形成、运行与功能的三维机制》，《社会科学研究》2013 年第 1 期。

郭哲、刘琛：《法律信任在中国——以比较的视角》，《学术论坛》

2010 年第 1 期。

郭忠：《法律权威如何形成——卢梭法律观的启示》，《现代法学》2006 年第 2 期。

胡承槐：《人治、法治、“官治”》，《中共浙江省委党校学报》2008 年第 3 期。

胡冬华：《法律信仰与法官的角色义务》，《求索》2016 年第 9 期。

胡水君：《民主政治下的为民之道——对政治、行政及其关系的一个分析》，《法学研究》2007 年第 3 期。

胡艳蕾：《论公民公共责任意识培育机制的路径建构——基于民主心灵习性的理论视角》，《武汉大学学报》（哲学社会科学版）2013 年第 3 期。

胡玉鸿：《平等概念的法理思考》，《求是学刊》2008 年第 3 期。

胡云腾：《认真落实“青年发展规划”切实预防青少年犯罪——兼论家庭、家风与青少年犯罪》，《中国青年社会科学》2017 年第 4 期。

黄春：《中国农村法律信仰危机的表现、成因与解决途径》，《云南行政学院学报》2006 年第 5 期。

黄慧珍：《论信仰的本质及其历史形态》，《哲学研究》2000 年第 5 期。

季金华：《法治信仰的意义阐释》，《金陵法律评论》2015 年第 1 期。

江必新：《严格依法办事：经由形式正义的实质法治观》，《法学研究》2013 年第 6 期。

江必新、王红霞：《法治社会建设论纲》，《中国社会科学》2014 年第 1 期。

江必新、邵长茂：《贯彻五大发展理念的法治保障》，《现代法学》

2016 年第 6 期。

姜明安：《如何让法治成为国民信仰》，《人民论坛》2013 年第 18 期。

姜起民、解维升：《法律信仰命题质疑与法律信任生成的路径选择》，《中国海洋大学学报》（社会科学版）2012 年第 5 期。

姜涛：《情感认同与社会主义法治文化培育》，《理论探索》2018 年第 1 期。

蒋传光：《公民社会与社会转型中法治秩序的构建——以公民责任意识为视角》，《求是学刊》2009 年第 1 期。

蒋传光：《公民身份与公民参与：法治中国建设的关键要素——以社会组织培育为例》，《浙江社会科学》2014 年第 6 期。

蒋德海：《人治还是法治：传统儒学与法治理念相融性批判》，《社会科学辑刊》2011 年第 1 期。

荆学民：《论信仰的特性》，《晋阳学刊》1994 年第 5 期。

荆学民：《道德信仰及其当代意义》，《求是学刊》2007 年第 1 期。

荆学民、施惠玲：《马克思政治信仰的逻辑演进》，《哲学研究》2010 年第 9 期。

井中雪：《论政治信仰》，《山西师大学报》（社会科学版）2005 年第 5 期。

李保平：《法律信仰与宁夏跨越式发展研究》，《宁夏大学学报》（人文社会科学版）2009 年第 5 期。

李步云、刘士平：《论法与法律意识》，《法学研究》2003 年第 4 期。

李朝开：《试论农民法律信仰的缺失与树立》，《云南民族学院学报》（哲学社会科学版）2002 年第 4 期。

李臣：《权利意识论》，《中央政法管理干部学院学报》1998 年第

5期。

李春明、张玉梅：《当代中国的法治认同：意义、内容及形成机制》，《山东大学学报》（哲学社会科学版）2007年第5期。

李春明、王金祥：《以“法治认同”替代“法律信仰”——兼对“法律不能信仰”论题的补充性研究》，《山东大学学报》（哲学社会科学版）2008年第6期。

李德顺：《论信仰》，《前线》2000年第2期。

李德顺：《科学·信仰·无神论》，《求是》2003年第22期。

李海青：《现代性视野中的法律信仰》，《思想战线》2005年第4期。

李珂：《大学生法律信仰的培养》，《学校党建与思想教育》2004年第12期。

李林：《中国语境下的文化与法治文化概念》，《新视野》2012年第3期。

李林：《新时代坚定不移走中国特色社会主义法治道路》，《中国法学》2019年第3期。

李龙、徐亚文：《关于邓小平的法律权威思想》，《现代法学》1999年第2期。

李先伟：《新时期加强大学生法律信仰教育的探索》，《学校党建与思想教育》2007年第8期。

李向平：《信仰社会学研究要义——兼论信仰如何成为中国问题》，《江海学刊》2013年第5期。

李晓寰：《对现代迷信的哲学反思》，《探索》1999年第5期。

李秀忠：《关于农村法律信仰危机的思考》，《山东师大学报》（人文社会科学版）2001年第2期。

李勇：《当前中国的法律信任及其养成》，《东岳论丛》2009年第

8 期。

李幼穗、张镇：《精神信仰的心理学含义》，《天津师范大学学报》（社会科学版）2002 年第 6 期。

李泽：《公民参与法律构成法治运行的主体性支撑》，《求索》2008 年第 1 期。

李政：《提高法律人职业素质的制度保障》，《华东政法学院学报》2006 年第 4 期。

梁利：《论法律信仰与民族信仰》，《贵州社会科学》2005 年第 2 期。

廖小平：《价值观的分化、整合与核心价值体系建设》，《道德与文明》2013 年第 4 期。

凌斌：《当代中国法治实践中的“法民关系”》，《中国社会科学》2013 年第 1 期。

凌斌：《公正司法的公信基础》，《华东政法大学学报》2013 年第 6 期。

刘焯：《“信仰法律”的提法有违法理》，《法学》2006 年第 6 期。

刘春兵：《法律信仰：依法治国的内驱力》，《郑州大学学报》（哲学社会科学版）2003 年第 5 期。

刘端端：《论当代大学生法律信仰的构建》，《福建论坛》（人文社会科学版）2013 年第 8 期。

刘建军：《试论三种非宗教的信仰形式》，《中国人民大学学报》1999 年第 3 期。

刘涛：《中国法律信仰的传统根基与建构路径》，《法商研究》2016 年第 1 期。

刘同君、夏民：《大学生人文教育与法治信仰》，《江苏高教》2002 年第 2 期。

刘文、吕世伦：《论权利意识与法治》，《北方论丛》2004 年第 1 期。

刘小平、杨金丹：《中国法律信仰论的内在悖论及其超越》，《法商研究》2014 年第 2 期。

刘杨：《法治的概念策略》，《法学研究》2012 年第 6 期。

刘作翔：《从文化概念到法律文化——“法律文化”：一个新文化概念的取得及其“合法性”》，《法律科学》（西北政法学院学报）1998 年第 2 期。

刘作翔、刘振宇：《对法律职业共同体的认识和理解——兼论中国式法律职业共同体的角色隐喻及其现状》，《法学杂志》2013 年第 4 期。

刘作翔：《关于社会治理法治化的几点思考——“新法治十六字方针”对社会治理法治化的意义》，《河北法学》2016 年第 5 期。

卢刚：《中国当下法律信仰的悖论——基于对伯尔曼〈法律与宗教〉的分析为视角》，《长白学刊》2009 年第 4 期。

卢泽铭：《法律信仰——中国法治建设的基础》，《学术论坛》2006 年第 8 期。

吕大吉：《宗教是什么？——宗教的本质、基本要素及其逻辑结构》，《世界宗教研究》1998 年第 2 期。

罗伦：《“法律信仰”危机与选择：伯尔曼的问题与方案》，《四川师范大学学报》（社会科学版）2018 年第 2 期。

罗中枢：《论信、信念、信仰、宗教信仰的特征及意义》，《宗教学研究》2007 年第 2 期。

马长山：《“全面推进依法治国”需要重建法治价值观》，《国家检察官学院学报》2015 年第 1 期。

马怀德：《如何让法治成为信仰》，《人民论坛》2013 年第 16 期。

马升:《论民族法律信仰是民族法治化的理性基础》,《青海民族研究》2016 年第 3 期。

马新福、杨清望:《法律信任初论》,《河北法学》2006 年第 8 期。

毛杰:《论公民法治信仰的培育路径》,《中州学刊》2016 年第 10 期。

丘海雄、张应祥:《理性选择理论述评》,《中山大学学报》(社会科学版)1998 年第 1 期。

权麟春:《在文化认同的视域中培育法治信仰》,《学习论坛》2016 年第 2 期。

冉杰:《法律权威的正当性基础》,《求索》2016 年第 10 期。

任建东:《宗教信仰与道德自觉》,《中国宗教》2007 年第 8 期。

沈瑞英:《实现法治现代化必须树立法律信仰》,《探索与争鸣》2011 年第 9 期。

施爱民:《试论大学生法律信仰形成机制》,《教育与职业》2007 年第 17 期。

舒晓炜:《什么是迷信》,《世界宗教文化》2003 年第 1 期。

宋随军:《培育大学生法治信仰具有多重意义》,《中国高等教育》2019 年第 1 期。

宋兴川、乐国安:《心理学视野中的信仰研究》,《云南民族大学学报》(哲学社会科学版)2006 年第 1 期。

孙国华、何贝倍:《人权与社会主义法治》,《法学家》2001 年第 6 期。

孙文恺:《中国语境下“法律信仰”的内涵——从伯尔曼的〈法律与宗教〉谈起》,《内蒙古大学学报》(哲学社会科学版)2009 年第 3 期。

孙绪兵：《刍论大学生法律信仰之要求》，《学术交流》2012 年第 7 期。

孙艳艳：《领导干部的法律信仰是民主政治建设的基石》，《领导科学》2008 年第 14 期。

陶林：《自由与责任——兼论责任意识的养成》，《社会科学战线》2012 年第 1 期。

万俊人：《信仰危机的“现代性”根源及其文化解释》，《清华大学学报》（哲学社会科学版）2001 年第 1 期。

万俊人：《信用伦理及其现代解释》，《孔子研究》2002 年第 5 期。

万涛：《信任与组织公民行为：心理授权的调节作用实证研究》，《南开管理评论》2009 年第 3 期。

汪亭友：《中国特色社会主义法治道路的核心要义》，《求是》2014 年第 23 期。

汪习根：《全面推进人权法治建设的行动纲领——十八届四中全会精神的人权解读》，《浙江社会科学》2015 年第 2 期。

王宏强：《从合法性信仰到政治信仰——马克斯·韦伯与戴维·伊斯顿合法性信仰理论比较》，《理论与现代化》2006 年第 5 期。

王宏维：《信仰危机·信仰对象·信仰方式》，《华南师范大学学报》（社会科学版）2003 年第 4 期。

王建华：《培育法治文化的前提：“人治”与“法治”的再认识》，《天府新论》2014 年第 1 期。

王曼倩：《依法治国进程中的青年法律信仰培育》，《理论视野》2016 年第 1 期。

王鹏森：《如何培育基层领导的法律信仰意识》，《领导科学》2018 年第 27 期。

王平生、陈秋玲：《论法治信用》，《政治与法律》2007 年第 1 期。

王若磊：《信用、法治与现代经济增长的制度基础》，《中国法学》2019 年第 2 期。

王淑芹：《论法律信用与道德信用的特性》，《道德与文明》2003 年第 5 期。

王淑芹：《信用概念疏义》，《哲学动态》2004 年第 3 期。

王婷：《浅析道德信仰和法律信仰在成人高校思想政治教育中的必要性》，《中国成人教育》2012 年第 16 期。

王锡锌：《公众参与和中国法治变革的动力模式》，《法学家》2008 年第 6 期。

王学俭、顾超：《依法治国进程中的法律信仰培育研究》，《思想政治教育研究》2015 年第 4 期。

王亿、王志刚：《论中国特色社会主义政治信仰的基础》，《长白学刊》2018 年第 5 期。

王允武、潘高峰：《合理处置信仰冲突　积极培植少数民族法律信仰》，《西南民族大学学报》（人文社科版）2005 年第 1 期。

魏长领：《论道德信仰及其功能》，《道德与文明》2003 年第 6 期。

魏长领、宋随军：《全面从严治党与法治信仰的培育——学习党的十八届六中全会精神》，《郑州大学学报》（哲学社会科学版）2017 年第 1 期。

魏敦友：《理性的自我祛魅与法律信念的确证——答山东大学法学院谢晖教授》，《广西大学学报》（哲学社会科学版）2001 年第 2 期。

魏吉华：《论法律信用》，《政治与法律》2000 年第 4 期。

魏建：《理性选择理论与法经济学的发展》，《中国社会科学》2002 年第 1 期。

吴斌：《我国公民权利意识现状述评》，《云南社会科学》2009 年第 3 期。

吴汉洪、徐国兴：《信用本质的经济学分析》，《中国人民大学学报》2004 年第 4 期。

夏泽祥：《中国语境下的法律信仰：涵义、对象、载体与表征》，《法律科学》（西北政法大学学报）2008 年第 3 期。

夏正林：《论基本权利的一般性和特殊性》，《法学评论》2012 年第 5 期。

肖中华、邹雄智：《"大众创业"背景下大学生法律信仰培养路径探讨》，《企业经济》2016 年第 4 期。

谢晖：《法律信仰与法律怀疑精神》，《法律科学》（西北政法学院学报）1995 年第 6 期。

谢晖：《法律信仰：历史、对象及主观条件》，《学习与探索》1996 年第 2 期。

谢晖、丁放：《论法律信用》，《学习与探索》1998 年第 4 期。

熊哲宏：《现代迷信的本质、特征和根源》，《华中师范大学学报》（哲学社会科学版）1991 年第 3 期。

徐琴、姜莹莹：《理性选择与社会信任：迈向经济学和社会学的新综合》，《南京大学学报》（哲学・人文科学・社会科学）2009 年第 2 期。

徐蓉：《法治教育的价值导向与大学生法治信仰的培育》，《思想理论教育》2015 年第 2 期。

徐显明：《坚定不移走中国特色社会主义法治道路》，《法学研究》2014 年第 6 期。

许章润：《法律信仰与民族国家》，《读书》2003 年第 1 期。

阎海燕：《试论法治信仰》，《理论探索》2001 年第 4 期。

杨春福：《保障公民权利——中国法治化进程的价值取向》，《中国法学》2002 年第 6 期。

杨春福：《论法治秩序》，《法学评论》2011 年第 6 期。

杨丽娟：《培植法律信仰之于大学生公民教育的理论价值》，《学校党建与思想教育》2010 年第 23 期。

杨彦增、粟远荣：《大学生法律信仰缺失调查》，《教育与职业》2011 年第 1 期。

杨用才：《大学生法律信仰培育探讨》，《学校党建与思想教育》2018 年第 18 期。

杨振闻：《坚定政治信仰：社会主义核心价值体系建设的核心命题》，《湖南社会科学》2008 年第 3 期。

杨震、席春玲：《法律教育改革与法律信仰的培养——评〈信仰与秩序：法律与宗教的复合〉》，《高教探索》2018 年第 9 期。

仰海峰：《文化哲学视野中的文化概念——兼论西方马克思主义的文化批判理论》，《南京大学学报》（哲学·人文科学·社会科学）2017 年第 1 期。

姚建宗：《信仰：法治的精神意蕴》，《吉林大学社会科学学报》1997 年第 2 期。

姚建宗：《法律的政治逻辑阐释》，《政治学研究》2010 年第 2 期。

姚建宗：《论法律与政治的共生：法律政治学导论》，《学习与探索》2010 年第 4 期。

姚建宗、侯学宾：《中国“法治大跃进”批判》，《法律科学》（西北政法大学学报）2016 年第 4 期。

姚建宗：《新时代中国社会主要矛盾的法学意涵》，《法学论坛》

2019 年第 1 期。
叶初升、孙永平：《信任问题经济学研究的最新进展与实践启示》，《国外社会科学》2005 年第 3 期。
叶传星：《法治的社会功能》，《法律科学》（西北政法学院学报）2003 年第 5 期。
［英］罗杰·科特威尔：《法律文化的概念——以 L. M. 弗里德曼相关研究为参照》，周赟译，《山东大学学报》（哲学社会科学版）2005 年第 3 期。
于咏华：《论主体能力的全面发展》，《中国青年政治学院学报》2004 年第 4 期。
于咏华、辛世俊：《人之发展中的信仰功能》，《河南社会科学》2006 年第 4 期。
俞学明：《“伯尔曼之思”：从法律信仰到现代性反思——以当代中国“法律信仰”的流行成因探讨为线索》，《世界宗教文化》2019 年第 1 期。
袁剑英：《培育领导干部的法律信仰》，《中国党政干部论坛》2001 年第 5 期。
岳天明：《基于道德基础的社会整合——涂尔干的社会理论及当代中国社会意义》，《华东理工大学学报》（社会科学版）2014 年第 2 期。
张兵：《大学生法治信仰的误区及其化解路径分析》，《湖北社会科学》2016 年第 12 期。
张浩：《略论科学与迷信》，《理论学刊》2000 年第 6 期。
张丽清：《主体意识、价值观念与公民素质》，《学术交流》2011 年第 6 期。

张宁、张雨青、吴坎坎:《信任的心理和神经生理机制》,《心理科学》2011 年第 5 期。

张骐:《论法的价值共识——对当代中国法治进程中一个悖论的解决尝试》,《法制与社会发展》2001 年第 5 期。

张善根、李峰:《关于社会公众对法律人信任的探析——以对上海市社会公众的法律人信任调查为基础》,《法商研究》2012 年第 4 期。

张善根、李峰:《法治视野下公民公共参与意识的多因素分析——基于上海数据的实证研究》,《北方法学》2015 年第 2 期。

张善根:《文化断裂中的法治信仰逻辑与构建》,《探索与争鸣》2016 年第 10 期。

张军:《最高人民检察院工作报告》,《人民日报》2019 年 3 月 20 日第 2 版。

张淑芳:《行政法治视域下的民生立法》,《中国社会科学》2016 年第 8 期。

张曙光:《"理想"的哲学反思》,《南昌大学学报》(人社版)1999 年第 3 期。

张曙光:《"信仰"之思》,《学术研究》2000 年第 12 期。

张文显、卢学英:《法律职业共同体引论》,《法制与社会发展》2002 年第 6 期。

张文显:《民生呼唤良法善治——法治视野内的民生》,《中国党政干部论坛》2010 年第 9 期。

张晓燕:《国家治理背景下的公民身份及法治教育》,《云南师范大学学报》(哲学社会科学版)2015 年第 5 期。

张学亮:《依法治国与农村法律信仰危机》,《长白学刊》2002 年第

6 期。

张永和:《法律不能被信仰的理由》,《政法论坛》2006 年第 3 期。

张永和、孟庆涛:《法治信仰形成路径探析》,《人民论坛》2013 年第 14 期。

张永和:《中国大众平等观念评析》,《中国法学》2015 年第 4 期。

赵天宝:《论乡土社会法律信仰的建构》,《湖北社会科学》2014 年第 7 期。

赵天宝:《中国普法三十年(1986—2016)的困顿与超越》,《环球法律评论》2017 年第 4 期。

赵颖慧:《谈大学生法律信仰的培养》,《教育探索》2015 年第 2 期。

赵志毅、蔡卫东:《论信仰的结构、本质及其对德育的意义》,《南京师大学报》(社会科学版)2000 年第 1 期。

郑成良、张英霞:《论司法公信力》,《上海交通大学学报》(哲学社会科学版)2005 年第 5 期。

郑广永:《从文化的视角看科学与信仰的冲突》,《中国人民大学学报》2006 年第 1 期。

郑红:《坚守法治信仰　强化法律监督》,《人民检察》2014 年第 2 期。

郑小霞:《如何培育公民的责任担当意识》,《人民论坛》2018 年第 17 期。

郑也夫:《信任:溯源与定义》,《北京社会科学》1999 年第 4 期。

钟明霞、范进学:《试论法律信仰的若干问题》,《中国法学》1998 年第 2 期。

周军虎、何祥林:《法治信仰的培育探究》,《理论月刊》2017 年第 2 期。

周尚君：《平等话语流变考》，《思想战线》2015 年第 2 期。

周旺生：《论法之难行之源》，《法制与社会发展》2003 年第 3 期。

周文华、王公晓：《论科学与信仰的和谐发展》，《广东社会科学》2012 年第 4 期。

周志非：《关于法治信仰的思考》，《理论前沿》1999 年第 19 期。

朱国良：《当代公民法治认同与法治政府权威提升研究》，《东岳论丛》2016 年第 6 期。

（五）报纸文章类

本报评论部：《营造法律至上的法治环境》，《人民日报》2013 年 2 月 27 日第 5 版。

本报评论部：《在每个案件中体现公平正义》，《人民日报》2013 年 2 月 28 日第 5 版。

本报评论部：《让法治成为一种全民信仰》，《人民日报》2013 年 3 月 1 日第 5 版。

曹建明：《最高人民检察院工作报告》，《人民日报》2014 年 3 月 18 日第 2 版。

曹建明：《最高人民检察院工作报告（摘要）》，《人民日报》2015 年 3 月 13 日第 2 版。

曹建明：《最高人民检察院工作报告》，《检察日报》2016 年 3 月 21 日第 1 版。

曹建明：《最高人民检察院工作报告》，《人民日报》2017 年 3 月 20 日第 4 版。

曹建明：《最高人民检察院工作报告》，《人民日报》2018 年 3 月 26 日第 3 版。

张军：《最高人民检察院工作报告》，《人民日报》2019 年 3 月 20 日第2版。陈广江：《从偷西瓜到抢井盖“破窗效应”亟待遏制》，《济南日报》2019年8月6日第F02版。

陈家兴：《面对哄抢，不能只当道德判官》，《人民日报》2015年9月2日第5版。

崔恒清：《哄抢事故货物敲响普法警钟》，《人民公安报》2016年3月31日第3版。

戴先任：《“中国式哄抢”呼唤“法治终止符”》，《中国商报》2018年9月7日第P02版。

《法治政府建设实施纲要（2015—2020年）》，《人民法院报》2015年12月28日第2版。

付子堂：《只有信仰法治才能坚守法治》，《人民日报》2014年4月10日第13版。

韩哲：《总闯民意的黄灯，就难免朝令夕改》，《北京商报》2013年1月8日第2版。

李林：《不断拓展中国特色社会主义法治道路》，《人民日报》2019年7月18日第9版。

刘冕：《首都缓堵，没有人可以坐而论道》，《北京日报》2016年1月29日第3版。

彭波：《“偷西瓜”岂能视为“摘西瓜”》，《人民日报》2019年8月8日第19版。

史洪举：《对哄抢闹剧依法严惩》，《人民法院报》2018年9月16日第2版。

孙安清：《马路哄抢事件频发究竟是何因素作祟》，《法制日报》2018年12月7日第5版。

闻一言：《政策朝令夕改不利于楼市稳预期》，《经济日报》2019年7

月 23 日第 9 版。

吴亚东、杨长平:《惩罚性侵儿童男女有别法律遇尴尬》,《法制日报》2013 年 6 月 18 日第 5 版。

晏扬:《公共决策应多听民意,少些突然袭击》,《新华每日电讯》2012 年 7 月 4 日第 3 版。

晏扬:《做事重要,以什么方式做事也重要》,《人民法院报》2012 年 7 月 13 日第 2 版。

叶青:《交通治堵 汽车限购并非唯一出路》,《科技日报》2019 年 6 月 18 日第 5 版。

张贵峰:《河南收回"禁放令","朝令夕改"需反思》,《中国商报》2017 年 1 月 9 日第 P02 版。

张文显:《发挥法治在弘扬核心价值观中的独特作用》,《人民日报》2019 年 7 月 23 日第 17 版。

赵乐际:《忠实履行党章和宪法赋予的职责 努力实现新时代纪检监察工作高质量发展》,《人民日报》2019 年 2 月 21 日第 4 版。

赵乐际:《坚持和完善党和国家监督体系 为全面建成小康社会提供坚强保障》,《人民日报》2020 年 2 月 25 日第 3 版。

赵乐际:《推动新时代纪检监察工作高质量发展 以优异成绩庆祝中国共产党成立 100 周年》,《人民日报》2021 年 3 月 16 日第 2 版。

赵乐际:《运用党的百年奋斗历史经验 推动纪检监察工作高质量发展 迎接党的二十大胜利召开》,《人民日报》2022 年 2 月 25 日第 2 版。

《中共中央国务院转发〈中央宣传部、司法部关于在公民中开展法治宣传教育的第七个五年规划〉》,《人民日报》2016 年 4 月 18 日第 1 版。

《中办国办就甘肃祁连山国家级自然保护区生态环境问题发出通报》，《人民日报》2017年7月21日第1版。

（六）学位论文类

程新平：《法治价值共识论》，博士学位论文，西南政法大学，2018年。

林坤：《论法律认同——基于中国语境的考察》，博士学位论文，西南政法大学，2013年。

刘江宁：《当代中国大学生信仰问题研究》，博士学位论文，山东大学，2012年。

刘旺洪：《法律意识论》，博士学位论文，中国人民大学，2000年。

陆攀：《马克思主义信仰的历史演变研究》，博士学位论文，安徽大学，2014年。

马晓燕：《当代中国人信仰问题研究》，博士学位论文，东北师范大学，2008年。

王晶：《社会转型期农民信仰问题研究》，博士学位论文，东北师范大学，2004年。

王明文：《论当代中国法律信任的建构》，博士学位论文，吉林大学，2015年。

夏丹波：《公民法治意识之生成》，博士学位论文，中共中央党校，2015年。

叶立周：《当代中国法律接受研究》，博士学位论文，吉林大学，2008年。

张国荣：《信仰与制度：道德教育的两种机制》，博士学位论文，华中师范大学，2015年。

张静焕：《法治思维研究》，博士学位论文，吉林大学，2018年。

张琳：《现代性的信仰困境与信仰塑造》，博士学位论文，复旦大学，2012 年。

赵华伟：《当代中国大学生信仰教育问题研究》，博士学位论文，山东大学，2016 年。

朱霖：《当代中国农民信仰问题研究》，博士学位论文，西南财经大学，2011 年。

（七）网络文献类

《2017 年社会服务发展统计公报》，2018 年 8 月 2 日，http：//www. mca. gov. cn/article/sj/tjgb/201808/20180800010446. shtml。

《2018 年民政事业发展统计公报》，2019 年 8 月 15 日，http：//www. mca. gov. cn/article/sj/tj－gb/201908/20190800018807. shtml。

《2019 年民政事业发展统计公报》，2020 年 9 月 8 日，http：//www. mca. gov. cn/article/sj/tjgb/202009/20200900029333. shtml。

《2020 年民政事业发展统计公报》，2021 年 9 月 10 日，http：//www. mca. gov. cn/article/sj/tjgb/202109/20210900036577. shtml。

《2021 年民政事业发展统计公报》，2022 年 8 月 26 日，https：//www. images3. mca. gov. cn/www2017/file/202208/2021mzsyfztjgb. pdf。

二 外文文献

Baier，A.，*Moral Prejudices：Essays on Ethics*，*Cambridge*，Mass.：Harvard University Press，1995.

Barber，B.，*The Logic and Limits of Trust*，New Brunswick，New Jersey：Rutgers University Press，1983.

Benjamin I. Schwartz，*The Religion of Politics*，*Reflections on the Thought of Hannah Arendt*, March – April, 1970.

Brian Z. Tamanaha, *On the rule of law: History, Politics, Theory*, Cambridge University Press, 2004.

Charles E. Raven, *Science, Religion, and the Future*, Cambridge University Press, 2008.

Concetta Castiglione, Davide Infante, Janna Smirnona, *Environment and economic growth: is the rule of law the go – Between? The case of high – income countries*, *Energy*, Sustainability and Society, Vol. 59 (1), 2015.

D. M. Messick & R. M. Kramei, *Trust as a Form of Shallow Morality*, in K. S. Cook (ed.), Trust in Society, New York: Russell Sage Foundation, 2001.

Donald R. Kelly, *The Human Measure: Social Thought in the Western Legal Tradition*, Cambri – dge Mass: Harvard University Press, 1990.

Earle, T. and Cvetkovicn, *Social Trust: Toward a Cosmopolitan Society*, New York: Praeger, G. T., 1995.

Eri W. Orts. *Rule of Law in China*, 34Vand. J. Transnatl. L, 2001.

Ewick Patricia, Susan S. Silbey, *The Common Place of Law: Stories from Everyday Life*, University of Chicago Press, 1998.

Fukuyama, F., *Trust: The Social Virtues and the Creation of Propresity*, New York: Free Press, 1995.

Giddens, A., *Modernity and Self – Identity*, Stanford, Calif.: Stanford University Press, 1991.

Hardin, *Trusting person, trusting institutions*, in: R. J. Zeckhauser (ed.), Strategy and Choice, Cambridge, Mass.: MIT Press, 1991.

Joseph Raz, *The Authority of Law*: *Essays on Law and Morality*, Oxford: Clarendon Press, 1979.

Karl Jaspers, *Philosophy* (Vol. 2), Chicago: the University of Chicago Press, 1971.

K. Nemton, "Trust Capital, Civil Society, and Democracy", *Internation Political Science Review*, 2001, 22 (2).

K. P. Langton, *Political Socialization*, New York: Oxford University Press, 1969.

Lewis&Weigert, *Trust as a social reality*, Social Forces, Vol. 63, No. 4, 1985.

Luhamann, N., *Trust and Power*, New York: John Wiley, 1979.

Michael Frauchiger, *Modalities*, *Identity*, *Belief*, *and Moral Dilemmas*, Berlin: De Gruyter, 2015.

Michael. J. Murray, *An Introduction to the Philosophy of Religion*, Cambridge University Press, 2006.

Misztal, B., *Trust in Modern Societies*, Cambridge, England: Polity Press, 1996.

Mol, Hans, *Identity and the Sacred*: *A Sketch for a new Social – scientific Theory of Religion*, New York: Free Press, 1976.

Parry, G., "Trust, distrust and consensus", *British Journal of Political Science*, Vol. 6 (2), 1976.

Paul Tillich, *Systematic Theology*, Ⅱ, Chicago, The University of Chicago Press, 1967.

Peter Beyer and Lori Beaman, *Religion*, *Globalization*, *and Culture*, Leiden, Boston: Brill, 2007.

Pietro Costa, *The Rule of Law: A Historical Introduction*, in Pietro Costa, Danilo Zolo (ed.), The Rule of Law: History, Theory and Criticism, Springer, 2007, Chapter 2.

Quassim Cassam, *Judging, Believing and Thinking, Philosophical Issues*, Philosophy of Mind, 2010.

R. H. Tawney, *The Acquisitive Society*, Wheatsheaf Books, 1982.

Robert K. Merton, "Social Structure and Anomie," *American Sociological Review*, Vol. 3, 1938.

Rosemary Goring, *Dictionary of Beliefs and Religions*, Wordsworth Editions Ltd., 1992.

Seligam, A., *The Problem of Trust*, Princeton, New Jersey: Princeton University Press, 1997.

Thompson, M., Eillis, R., and Wildavsky, A., *Culture Theory*, Boulder, Colo.: Westview Press, 1990.

Tylor. E. B., *Primitive Culture*, Landon: John Murray, 1871.

Vago, S., *Law and Society*, Englewood Cliff: Prentice - Hall, 1981.

Warnock, G. J., *The Object of Morality*, London: Methuen, 1971.

Wilson, J. Q., *The Moral Sense*, New York: Free Press, 1993.

后　记

本书的顺利完成，得到辽宁省社会科学规划基金重点项目（L22AFX003）、辽宁省高等学校基本科研项目·青年项目（LJKQR2021015）和沈阳师范大学博士科研启动基金项目（BS202008）的共同资助。

法治信仰课题是法学、宗教学、哲学、社会学、心理学、文化学等多学科的交融，既关涉“深邃”的信仰理论，又涉及“法治”的中国实践。尤其是在当前中国社会急剧转型和法治中国建设纵深推进的今天，探寻法治信仰的中国建构有其独特的时代意义和理论价值。

本书的完成得益于引我入学术之路的付子堂教授，授业恩师为师为父，不仅开启学生法学理论心智，教导学生为人处世之道；在学生困顿之时，更是给予生活、学业等全方位的照顾、点拨，砥砺前行。

感谢西南政法大学法学理论学科的张永和教授、周祖成教授、赵树坤教授、周尚君教授、郭忠教授、陆幸福教授、雷勇教授、朱学平教授、胡兴建教授、王恒副教授等诸位老师的传道授业解惑；感谢上海政法学院张善根教授在论文写作过程中的指点迷津和东南大学陈佑武教授的殷切关怀；感谢沈阳师范大学霍存福教授、海南大学姚建宗教授和沈阳市检察院副检察长贾海洋教授的关怀、指导和提携。感谢曾巍博士、肖武博士、卫霄远博士、任懿博士、彭卫民博士、程新平博士、杨惠琪博士、李国梁博士、王勇博士、李东博士等在学术上的交流碰撞，在生活上的照顾支持。

感谢沈阳师范大学法学院领导和同事的支持、鼓励和关心；感谢中国社会科学出版社政治与法律出版中心副编审许琳博士，在她的细致编辑、支持理解下书稿才得以顺利出版。

最后，衷心感谢我的家人！感谢父母的辛苦付出和培养教育使我从大山里扎根到沈阳；感谢岳父母的全力支持和理解宽容解我后顾之忧；感谢儿子的聪明可爱带给全家无尽的幸福与欢乐；感谢我的爱人徐海静博士多年来的辛苦付出、支持与关爱，永铭于心。

无以回报，谨以此书献给他们。

汪　岳

2022 年 11 月于辽宁沈阳